出版緣起

　　社會如同個人，個人的知識涵養如何，正可以表現出他有多少的「文化水平」（大陸的用語）；同理，一個社會到底擁有多少「文化水平」，亦可以從它的組成分子的知識能力上窺知。眾所皆知，經濟蓬勃發展，物質生活改善，並不必然意味著這樣的社會在「文化水平」上也跟著成比例的水漲船高，以台灣社會目前在這方面的表現上來看，就是這種說法的最佳實例，正因為如此，才令有識之士憂心。

　　這便是我們——特別是站在一個出版者的立場——所要擔憂的問題：「經濟的富裕是否

也使台灣人民的知識能力隨之提昇了？」答案恐怕是不太樂觀的。正因為如此，像《文化手邊冊》這樣的叢書才值得出版，也應該受到重視。蓋一個社會的「文化水平」既然可以從其成員的知識能力（廣而言之，還包括文藝涵養）上測知，而決定社會成員的知識能力及文藝涵養兩項至為重要的因素，厥為成員亦即民眾的閱讀習慣以及出版（書報雜誌）的質與量，這兩項因素雖互為影響，但顯然後者實居主動的角色，換言之，一個社會的出版事業發達與否，以及它在出版質量上的成績如何，間接影響到它的「文化水平」的表現。

那麼我們要繼續追問的是：我們的出版業究竟繳出了什麼樣的成績單？以圖書出版來講，我們到底出版了那些書？這個問題的答案恐怕如前一樣也不怎麼樂觀。近年來的圖書出版業，受到市場的影響，逐利風氣甚盛，出版量雖然年年爬昇，但出版的品質卻令人操心；有鑑於此，一些出版同業為了改善出版圖書的品質，進而提昇國人的知識能力，近幾年內前

後也陸陸續續推出不少性屬「硬調」的理論
叢書。

　　這些理論叢書的出現，配合國內日益改革
與開放的步調，的確令人一新耳目，亦有助於
讀書風氣的改善。然而，細察這些「硬調」
書籍的出版與流傳，其中存在著不少問題。首
先，這些書絕大多數都屬「舶來品」，不是
從歐美「進口」，便是自日本飄洋過海而
來，換言之，這些書多半是西書的譯著。其
次，這些書亦多屬「大部頭」著作，雖是經
典名著，長篇累牘，則難以卒睹。由於不是國
人的著作的關係，便會產生下列三種狀況：其
一，譯筆式的行文，讀來頗有不暢之感，增加
瞭解上的難度；其二，書中闡述的內容，來自
於不同的歷史與文化背景，如果國人對西方
（日本）的背景知識不夠的話，也會使閱讀的
困難度增加不少；其三，書的選題不盡然切合
本地讀者的需要，自然也難以引起適度的關
注。至於長篇累牘的「大部頭」著作，則嚇走
了原本有心一讀的讀者，更不適合作為提昇國

人知識能力的敲門磚。

　　基於此故，始有《文化手邊冊》叢書出版
之議，希望藉此叢書的出版，能提昇國人的知
識能力，並改善淺薄的讀書風氣，而其初衷即
針對上述諸項缺失而發，一來這些書文字精簡
扼要，每本約在六至七萬字之間，不對一般讀
者形成龐大的閱讀壓力，期能以言簡意賅的寫
作方式，提綱挈領地將一門知識、一種概念或
某一現象（運動）介紹給國人，打開知識進階
的大門；二來叢書的選題乃依據國人的需要而
設計，切合本地讀者的胃口，也兼顧到中西不
同背景的差異；三來這些書原則上均由本國學
者專家親自執筆，可避免譯筆的詰屈聱牙，文
字通曉流暢，可讀性高。更因為它以手冊型的
小開本方式推出，便於攜帶，可當案頭書讀，
可當床頭書看，亦可隨手攜帶瀏覽。從另一方
面看，《文化手邊冊》可以視為某類型的專業
辭典或百科全書式的分冊導讀。

　　我們不諱言這套集結國人心血結晶的叢書
本身所具備的使命感，企盼不管是有心還是無

心的讀者，都能來「一親她的芳澤」，進而
藉此提昇台灣社會的「文化水平」，在經濟
長足發展之餘，在生活條件改善之餘，國民所
得逐日上昇之餘，能因國人「文化水平」的
提昇，而洗雪洋人對我們「富裕的貧窮」及
「貪婪之島」之譏。無論如何，《文化手邊冊》
是屬於你和我的。

孟　樊

一九九三年二月於台北

目　　錄

前　言

　　提起解放神學，人們自然會想起自 60 年代以來，席捲了整個拉美大陸的革命風潮，想起那些毅然投身革命並身先士卒的革命基督徒們。

　　其實，嚴格說來，開始於 60 年代初的解放基督教運動不僅僅發生在拉丁美洲。類似的現象也發生在第三世界其他地區，甚至歐洲（例如「法國勞動民主聯盟」）和美國。但他們都或者規模較小，或者沒有在社會歷史中產生深遠的影響。與之相對照，拉美的解放神學運動則不僅在拉美大陸掀起了狂瀾，在世界歷史的範圍上也留下了深遠的影響。1971年，古斯

塔夫・古鐵雷斯出版《解放神學—展望》，被
世人認作是解放神學產生的標幟，從此，解放
神學的聲音就在世界歷史的舞臺上一再響起。
在拉美的解放進程中，她在實踐著「人民的警
號」的使命。其對現實的深刻的洞見深深地震
撼著處於半朦朧狀態之中的民眾；對窮人的無
限的關愛和對明天的無盡的希望有力地鼓舞著
奮鬥中的民眾向前、再向前。與此同時，解放
神學家們更是解放鬥爭中的中堅力量，他們用
鮮血和生命在人民的心目中留下了「沒有基督
徒，就沒有革命」的信念。

　　拉美的解放神學之所以有如此巨大的生命
力，是因爲她已超越了玄思式或體系式的神
學，已開始認識到「神學是依據聖言，對實踐
的批判的反思」[1]，或者說，「是對以前實踐
的反映和對以前實踐的反思」[2]。神學追求的
是對信仰的理解，解放神學同樣在繼續著對基
督教信仰真諦的探索。只是世界歷史進入到現
代，人們已經不可能有完全超脫於俗世紛繁的
修身空間，已不可能再在純粹的靜思冥想之中

來實踐信仰生活。在拉美大陸尤其如此。面對
著貧窮、疾病、死亡，目睹著肉體的被摧殘、
靈魂的被扭曲，基督徒們或者直接地投身到解
放的事業之中，與窮人一起，體驗生活的艱
辛、控訴現實的非正義、追求明天的光明；或
者以各種方式在間接地維護著既得的利益，維
護著現存的制度，繼續著對窮人的壓迫。在這
個意義上，信仰實踐就是政治實踐。於是神學
的問題被具體化爲這樣的系列挑戰：如何根據
聖言的啓示，來理解人的解放的歷史進程？上
帝的普遍救贖與現實的解放鬥爭究竟有何關
係？處於革命風潮之中的教會，如何爲自身定
位、尋找自身的立足之處？⋯⋯透過對這些問
題的應答，解放神學開闢出了一條新路徑：
在變革世間的非正義社會、建立正義社會的
實踐鬥爭中。聆聽聖靈的教誨；在對人的解
放的歷史過程的批判性反思中，理解上帝的
無限關愛、基督帶來的普遍拯救和聖靈所啓示
的智慧。

　　植根於對上帝的救贖的普遍性與總體性的

信仰，解放神學在反思人們的現實處境之時，其目光所及之處就不僅僅有人們在經濟、政治、社會等方面所遭受的剝削、壓迫和壓抑，同時也包括人們在語言、文化、信仰、生活方式等各方面所承受的壓抑和歧視；它正實踐著變革現狀的根本革命時，其目標就不僅僅是實現生產資料的公共占有，而是在各個方面實現人的解放，在一個正義的社會中充分實現人的自由，從而最終達到人與他人、上帝之間的相互融通。在這個意義上，解放神學在其極濃的本土色彩之中，表達的是具有普遍性的關注。現代人在現代社會中所承受的種種異化的事實，都牽動著它的視線，都必然地會成為其控訴和變革的對象。於是，它與黑人神學、女性神學等一系列的聲音就開始遙遙相應，她們互為補充，互相推動，共同推動著解放人類的事業，在迎接著上帝之國的到來。據此，我們可以說，解放神學的成敗與否，並不僅僅繫於拉美政治鬥爭的暫時結果，重要的是，她的事業已在世界歷史的範圍內，得到了人們的認同和

響應。解放事業的道路還很漫長，但解放神學的警號聲卻將更加嘹亮……

註　釋

[1]*A Theology of Liberation*（紐約，1973 年），p.13

[2] 轉引自《馬克思主義研究》1996 年第 2 期，p.76.

第一章
拉美的歷史與現狀

　　解放神學生長於拉美大陸這塊土地。然而拉美大陸之所以能夠蘊育出解放神學這樣的新鮮生命，其原因卻不能直接歸於天主教在這塊土地上的盛行。拉美雖是天主教最爲盛行的大陸，但是由西班牙殖民者（16世紀）所帶來的天主教一直在竭力追求的卻是與羅馬教廷的一致；其神學一直在從事的，也只是對於傳統教義的闡釋，直至教會內部的危機不斷地加劇、加深……在拉美，比天主教的盛行更爲醒目、也更爲廣泛的現實卻是災難的深重。自1492年哥倫布發現美洲大陸以來，災難的陰影就漸漸地籠罩了拉美的上空。隨著16世紀西班牙

殖民者的入侵，拉美上空的災難也在不斷地加
厚、加深，幾乎遮住了黎明的所有曙光。在災
難的籠罩下，拉美人民艱難地走過了將近四個
世紀的路程，一路上留下既有貧窮中的饑餓、
疾病與死亡，也有在不公正的現實中所忍受的
歧視、壓迫和屈辱。翻開拉美的歷史，除了一
連串觸目驚心的數字之外，還有一張張寫滿了
憤慨和控訴的面孔。人們不得不向上帝控訴罪
惡的現實；正是這樣的災難，使得基督徒們不
得不去體認耶穌基督在此世所承受的苦難，在
對此苦難的體認中，參與解放人類的事業，理
解上帝之國的奧秘。於是在拉美的天主教世界
中，解放神學成爲了主題。正如古斯塔夫‧古
鐵雷斯在《歷史中窮人的權力》一書中所言，
如此產生的「今日拉美神學將是在信仰之中對
信仰本身的反思，在拉美，信仰就是解放實踐
本身。它將是根據我們對窮人的選擇和對窮人
事業的參與而達到的對信仰的理解。此種對信
仰的理解，將以我們與拉美的被剝削階級、被
壓迫民族、被歧視的文化的真正而有效的團結

為出發點，它是在此世之內所進行的對信仰的
理解。它將是從我們參與創造正義的社會、參
與締結美好的人類共同體出發而達到的反思，
此反思將看到我們對革命事業的投入會更加激
進、更加完全。它將是在我們對於解放事業的
真正而富有成效的參與中得到實現和證實的神
學反思」[1]。

第一節　貧窮的現實

（一）殖民主義的歷史

自 16 世紀西班牙殖民者的入侵以來，拉
美大陸就一直處於殖民主義的統治之下，這已
成為眾所周知的事實。在這樣的秩序之中，拉
美的諸多國家僅僅作為歐洲列強們的「邊遠
村塞」而存在著，它們絕非可以實行自治的國
家。其最初的表現形式就是明顯的政治殖民主
義：所有的權力都直接歸殖民者所有，尤其是

對經濟資源和物質財富的調度、支配權力。殖民者可以完全不顧及拉美本土人民的利益而瀟灑地接管起這所有權力，按其意志進行任意支配。

極端而漫長的殖民主義統治，帶來的不是人民的無邊苦難，同時，它也在促使著人民的覺醒。直至19世紀，拉美的本土人口和外來人口混合而成的人民隊伍就已經獲得了對自身地位、身分的足夠認識，由此而開始了反對歐洲奴役、爭取自身獨立的反殖民主義戰爭。這一場場起義和革命逐漸蔓延了整個拉美大陸，也取得了世人矚目與成功。作為直接結果，政治殖民主義，這塊籠罩在拉美上空已有幾百年之久的陰雲終於消散了，拉美從此結束了被諸列強進行分割統治和奴役的歷史。

然而隨著時間的推移，拉美的嚴峻現實卻又迫使拉美人民不得不承認：這些革命所取得的勝利僅只具有表面上的意義，而絕非是根本性的。政治殖民主義雖然已被革命所顛覆，然而，取而代之的並不是拉美人民的真正自由和

自治。緊隨其後，進入拉美歷史的是一種新型
的殖民主義，即經濟殖民主義。變化僅僅在於
其實現殖民統治的方式：由從外部對拉美所實
施的公開控制轉爲隱蔽型控制。在政治上不干
涉的表面文章之下，歐洲列強通過在經濟上對
拉美的控制來實施對拉美的統治。這種控制之
眞正實現又是通過與拉美本土的經濟操縱者
們、統治者們之間的聯合而進行的。從外觀上
看，拉美諸國的統治者確實已是貨眞價實的阿
根廷人、巴拉圭人、秘魯人、巴西人……然而
這些本土拉美人的命運卻又與境外的殖民統治
者們緊密相聯，他們絕不是拉美人民的利益的
代表。不僅如此，作爲堅強的保障，他們還結
成了與軍事力量之國的聯盟。

　　身處於此經濟殖民主義的秩序之中，拉美
人民的苦難不僅沒有得到緩解，反而日益地加
深、加重。在拉美，貧窮已成爲觸目驚心的現
實。對於此貧窮的極端程度，以及它帶給人們
的苦難的深重，沒有親身經歷恐怕難有眞切體
會的。在此意義上，解放神學的開創者古斯塔

夫‧古鐵雷斯宣稱，解放神學的第一個步驟絕
不是去創建一套神學體系，發展一個世界觀學
說，恰恰相反，它必須是一次真正的「雙腳走
出來的旅行」（feet trip）。它必須是對受窮
者、受害者、受歧視者的真正認同和歸一，然
後才能有「腦袋的旅行」（head trip）、有神學
的反思。但富有同情心的人們還是可以從一連
串抽象而枯燥的數字中，讀出掩藏於其後的非
人現實；從眼前晃動著的一張張面孔上，直接
辨認出寫於其上的痛苦與屈辱；從拉美人民的
民間宗教中最集中地體會出他們對於罪惡世界
的抗議與控訴。

（二）極端貧窮的現實

　　隨意地打開一些統計報表，我們就能看到
這樣的一系列事實：

　　　　‧在巴西，有60%的可耕地掌握在為數僅
　　　　　占土地所有者2%的大地主手中，農戶
　　　　　處於無耕地或近乎無耕地的狀態；在哥

倫比亞，有6%的可耕地掌握在為數僅占土地所有者4%的大地主手中，有66%的農戶處於無耕地或近乎無耕地的狀態；在薩爾瓦多，有41%的可耕地被為數僅占土地所有者1%的大地主控制，與此同時，卻有60%的農戶處於無耕地或近乎無耕地的狀態；在瓜地馬拉，同樣為數僅占土地所有者1%的大地主掌握著34%的可耕地，而85%的農戶處於無耕地或近乎無耕地的狀態。

• 在秘魯的Chuchito地區，農民每年的收入僅有100美元，佃農只被允許保留1/3的收成。

• 每周都有2000-5000的農村人口流動至利馬去尋找工作，與此同時，在利馬卻僅有37%的成人人口擁有獨立的工作。

• 在1980年至1985年間，秘魯有70%的出口收益都被用於償還外債的利息。

• 國際債務的利息率每提高1%，拉美國家的債務就將增加25億美元。

- 在秘魯，以前可以養活6個人的工人，現在卻要以低於一半的收入來維持8個人的生活。

- 在秘魯出生的兒童，有一半以上還未長至5歲就已夭折。

- 美國每天援助薩爾瓦多1,000,000美元以上，其中大部分都被用於維持軍隊和「敢死隊」（dead squads）的開支。

- 在薩爾瓦多，一個六口之家平均每年需要333美元來維持生活，但是卻有一半以上的人口達不到這個最低限度。

- 在1960年，農民還可以用相當於3噸香蕉的收入購買一輛拖拉機，到1970年，則必須用11噸香蕉的收入。

從上面列舉的數字之中，我們可以讀出這樣的現狀：在拉美內部，貧富之間的差距不僅沒有縮小，反而在日益加劇，甚至達到無法想像的程度。當一部分人的生活極盡奢侈靡爛之時，絕大多數的人口卻處於無法描述的貧窮之

中；窮人不僅僅是在經濟上處於窘迫的境地，在政治上，他們同樣處於全然無權的狀態。在現行的社會結構之中，窮人除了作為被剝削、被壓迫的對象之外，不再有任何意義；在拉美與國際勢力的關係中，拉美早已深深地陷入了國際債務之中，並且永遠不能翻身。因為傾其每年的全部收入，也無法償還債務利息，更難奢談償還債務本金；美國等第一世界的強權通過對於軍隊的維持和資助，實際是在以公開或操縱「傀儡」的方式來掌管著拉美的命運……

　　這一切所指向的都是貧窮：貧窮不僅早已覆蓋了整個拉美大陸，在拉美成了永無止盡的現實，其毀滅性的、破壞性的非人性質已得到了淋漓盡致的展開。身處於這樣的處境之中，似乎永遠不再能夠有希望，不再可能有曙光的再現。

　　如果說數字由於其抽象、枯燥、冷漠的性質，還使我們對於掩蓋的現實有所膈膜的話，那麼在人們眼前晃動著的一張張生動的面孔，則會直接地把我們拉入拉美的現實。也正是由

於這樣的原因，參加普韋布拉會議的主教們毅
然摒棄了傳統的老路。他們不再面對著一連串
的統計數據進行玄思冥想，而是用心地去辨認
常浮於眼前的一張張面孔：

> 遍及整個拉美大陸的極端貧窮就寫在
> 現實生活中的張張具體而生動的面孔之
> 上。在這些面孔之上，我們應該能夠辨認
> 出一個個痛苦的生靈，他們同屬於基督，
> 我們的主。而在其中，基督，我們的主也
> 正在向我們責問、向我們挑戰。他們包
> 括：
>
> ——新生兒和流浪兒的臉龐。前者在
> 出生以前就已為貧窮所扼殺，他們追求自
> 我發展的機會已被不負責任的智力和體力
> 缺陷所斷絕；後者在我們的城市中，常常
> 淪落為被剝削的對象，他們常常最終淪為
> 貧窮和家庭道德與身體這雙重災難之下的
> 畸型產物。
>
> ——年輕人的面容。他們常常迷失方

向是因為在社會中無法找到屬於自己的位置；他們常常感到心灰意冷，尤其是在農村和城市之間的邊緣地區，是因為他們從根本上就缺乏培訓和工作的機會。

——本土居民的面孔，常常也包括美國黑人們。他們在非人的境況之中過著被邊緣化的生活，在窮人中，他們可以算是最為貧困潦倒。

——農民的面孔。作為一個社會群體，他們被剝奪了所有的土地，其流浪的足跡幾乎遍及了拉美的每個角落。於是他們不能淪落到身處內在和外在雙重依附關係之下的境地，只能屈從於旨在剝削他們的商業化體系。

——勞動者們的面孔。他們常常只能拿到低得令人咋舌的薪水，但在組織自身以維護其自身權益方面又存在著極大的困難。

——待業和失業者的面孔。我們之被解雇，純粹是因為經濟危機的迫切需要，

而這常常又是由於那樣一些把工人及其家
庭都納入一種冷酷無情的經濟運算的發展
模式的作用。

　　——身處社會邊緣、極端擁擠的城市
居民的面孔。他們對物質財富的極端匱乏
剛好與社會其他階層的極度富足與豪奢互
為證據。

　　——老人們的面容。他們的人數每天
都在增加，在這樣一個全然不顧及無生產
能力者的社會之中，他們正日益地被拋在
生活的邊緣。[2]

　　面對著這樣的一個個人群，體會著寫於其
臉上的痛苦與掙扎，我們再也不難理解貧窮在
拉美究竟意味著什麼。它意味著對於人類——
這一最為上帝關愛的生靈——的扭曲和毀滅，
在這個意義上，它是對上帝意志的違背和踐
踏。於是在拉美大陸的上空響起了對於此罪惡
現實的悲憤控訴：「世界本不應如此！」（Juan
Luis Segundo）一位來自烏拉圭的耶穌會教士，

就曾經指出，所有解放神學的出發點都是這樣
一個非常簡單的論斷「世界本不應如此」，如
果面對著如此觸目驚心的貧窮的現實，我們還
能保持對於現實合理性的解放，那麼我們將永
遠無法理解解放神學究竟在論說著什麼、在講
述著什麼，它又在追求著什麼。

　　要切實地了解拉美的現實，尤其是理解身
處於貧窮之中的拉美人民對此罪惡現實的控
訴，還有一條路徑是斷然不能忽略的。這就是
拉美的民間宗教。在拉美，其民間宗教是由本
土的印第安人宗教和西班牙殖民者帶來的天主
教混合而形成的。長期以來，它一直被視為迷
信和魔術，被人嗤之以鼻。但是以古斯塔夫・
古鐵雷斯等人為代表的解放神學家們卻在用自
己的經歷和體會向我們表明：恰恰是這樣的民
間宗教最集中地體現了窮人的生活，這其中既
有他們的痛苦，更有他們的希望。

　　「我認為將民間宗教視作次一等的基督教
全然是一個錯誤。對於它的尊重在根本上是對
上帝存在的尊重。正如我們說教會要從塵世中

學習很多東西一樣，我們也要從民間宗教中學
習很多東西……民間宗教是對窮人處境的最為
真切的表達，而普韋布拉的主教們早已認識到
窮人才是真正帶來福音的人。帶來福音也就是
宣講福音。……民間宗教提醒我們注意到生活
的很多方面，注意到窮人的痛苦和窮人的歡
樂，教會的其他部分為了能夠更好地理解福音
就必須注意到生活的這些方面。」[3]

　　民間宗教的主要幾種表達方式分別是對神
蹟的信仰、對宗教節日的遵守和對地區保護聖
徒的信奉。在無止盡的貧窮之中，神蹟對於窮
人而言，絕不僅只有迷信的意義，相反，歷史
中奇蹟帶給窮人們的是衝破此無邊黑暗的希
望，是對美好未來的嚮往。而宗教節日的儀式
和慶祝行為則在他們中間產生了一種共同體意
識，在此之中，他們之間的社會聯繫和紐帶得
以更新和加強。每個地區的保護聖徒們使人們
在苦難中找到了明確的信仰對象，同時他們更
使人們獲得了一份實在的歷史感，一份對現實
的認識。在這三個方面，民間宗教提供給窮人

們都絕不是一個逃避現實的理想空間。

　　如果說，由西班牙殖民者所帶來的基督教（天主教）在很大程度上是力圖做到與現實毫無關礙的話，那麼民間宗教由於其對窮人的生活經驗和思想感情的濃縮，則恰恰是對此現實的最為集中的抗議和反抗。人們透過對於神蹟保護聖徒和上帝的信仰，不僅在控訴著現實的種種罪惡，在進行著「世界本不應如此」的吶喊；神蹟、保護聖徒和上帝還直接地給予了他們信心和力量，使他們在對此世的反抗和鬥爭中獲得了永恆的正義和支持；上帝的關愛和支持更給他們帶來了希望。在災難陰雲的籠罩下，歡度節日的人群依然聲震蒼穹，因為那是對於上帝之國的呼喚⋯⋯在這裡，人們已經開始了創建上帝之國的過程。

第二節　應答的對策

　　身處於貧窮的災難之中，拉美人民除了承

受和控訴此罪惡現實之外也在摸索著通往未來
的道路。只是這樣的探索過程經歷了曲曲折
折,其中既有發展的神話帶給人們的激動和興
奮,也有隨此神話破滅之後而來的迷茫和絕
望。經歷過這樣的大喜大悲,拉美的人民開始
冷靜地思考自己所身處的世界,深究其產生的
最終根源,旨在實現根本意義上的變革。於是
從激進的局部鬥爭,局部起義開始,革命的進
程逐漸擴延至整個拉美大陸。解放不再僅是人
們的熱切渴望,它已然成爲了拉美歷史的主
題。

(一)發展的神話

　　50 年代的拉美大陸彌漫著樂觀主義的情
緒,因爲有關發展的神話在支撐著人民對於未
來的信心。雖然在事實上,當時的拉美諸國深
處於發達國家的經濟控制之中,只能有所謂的
外向型增長（ foreign-oriented growth ）。即拉
美的整個經濟運行過程都只限於出口原材料,
進口加工成品的無限循環,沒有自己獨立的生

產、再生產過程。由此它實際上是完全地倒向了對外國商業的依賴。但是拉美人民卻堅信，經過一系列的變革，拉美國家可以實現由外向型增長到內向型發展（inward development）的轉變，從而實現拉美的自我持續發展（self-sustained economic development），這樣的變革包括取代進口、擴大國內市場以及充分工業化等一系列環節，當時拉美的一些較發達國家，如阿根廷、墨西哥、智利、哥倫比亞、巴西等也確實在著手實施這些變革，以期達到獨立發展的目標。

　　實際上，這一關於發展的神話是國際組織所推行的發展主義政策所帶來的直接結果。在這些推行者看來，拉美諸國和西方的現代化強國分屬於世界的兩極，即不發達國家和發達國家。不發達國家謀求發展應以西方發達國家為目標。這些發達國家是以高度的大眾消費為基本特徵的工業化強國、現代化強國。與之相對照，拉美諸國還停留於傳統社會、過渡性社會階段。拉美諸國要達到現代化社會的目標，就

必需重走發達社會所經歷過的歷程，而這又要
求變革陳舊的政治結構，排除來自經濟、政治
和文化等方面的障礙。但是這整個變革過程、
即由不發達到發達的過渡過程是一個連續的過
程。在社會發展過程中，會出現一些不協調因
素，它們逐漸匯聚成變革現存秩序的力量，
「起初這積累起來的壓力將導致局部的變革，
直至最終實現對社會整體的改變。根據這一模
式，社會體制被認為是不穩定的，而對它的改
造則是對立力量之間的緊張關係積累的結
果。」[4]根據此理論，拉美諸國的現代化進程
就應是一個循序漸進的過程，其中不需要任
何根本意義上的變革，只要對此理論稍加改
變，就形成了所謂的現代化模式和現代化意識
形態。而國際組織所推行的這一系列政策也就
被統稱為發展主義的路線。

　　然而發展的神話並沒有在現實之中得以應
驗，與人們的期望相反，在時間中展開的事實
證明了發展主義路線的失敗，帶來了發展神話
的破滅。「60年代的大部分時間已逝，但兩個

世界之間的差距非但沒有如人們期待的那樣漸漸縮小，反而在與日俱增……從60年代到70年代的十年間，發達國家的財富增長了80%，而擁有世界2/3人口的發展中國家卻仍然處於貧困之中」。[5]

發展的神話之所以破滅，不僅僅因為它在對拉美現實的認識和把握方面存在著嚴重的缺陷，更是由於發展主義路線的推行者本身並不真正地關注拉美人民的生存處境。

在50年代，有關發展的政策都是由一些大的國際組織又與控制著世界經濟的國家和團體緊密相聯。因此他們所關注的只是這些經濟方面的利益以及他們的聯盟者——拉美國家內部統治者的利益，而拉美人民的切身利益則遠在他們的視野之外。這樣發展主義路線所允許和推動的變化必須是在既存的世界秩序之下的變化，必須不觸及經濟強權者們的利益和拉美內部統治者們的利益。在這個意義上，所謂的發展主義就是改良主義，它否認和反對任何根本意義上的變革。由於它拒絕觸動此中的根本

罪惡——國際資本主義秩序，它的推行就不可能帶來對拉美人民處境的改善，帶來拉美國家的獨立和發展，在長遠的意義上，它只是在加重著拉美的災難。有關發展的神話只是他們潛心構造出來的意識形態。

　　從認識的層面看，發展主義的理論也存在著嚴重的缺陷。比較明顯的是：已在探討拉美諸國的進步和發展問題時，過分關注的是經濟方面的因素，而忽略了政治方面的因素。實際上，由於拉美深處於帝國主義世界的秩序之中，它想實現真正的變革，只有從政治上尋求突破、從變革社會制度入手。比此更為基礎的是：發展主義的理論仍然停留在抽象的、非歷史的水平來看待問題。它將落後的不發達社會與現代化的發達社會加以靜態地並列，並根據直線式的歷史觀得出結論：不發達社會必須通過重走發達社會的老路來尋求發展，從而達到縮小兩個世界之間差距的目的。但是「已經不再存在使落後的社會達到與發達社會相同發展階段的歷史可能性。歷史時間不是直線式的。

對於一個當代社會而言，它已不可能通過重走
西方社會的老路，而發展至與其相同的水平。
所有的人們都在彼此平行的關係中共同向新社
會邁進」。[6]

正是由於這些原因，有關發展的神話的虛
幻性和欺騙性，必將在歷史發展中顯現無遺。
隨著人們對發展主義路線的批判，人們也就越
觸及到了拉美社會的根本問題，從而開始了對
拉美社會進行總體性認識和總體性改造的艱難
過程。

（二）附屬理論

繼發展的神話破滅之後，60年代的人們
對於拉美的前景普遍地持悲觀的態度。眼前的
拉美無論是經濟現狀、社會現狀還是政治現
實，較之與以前都更加令人擔憂。而歷史卻並
不給予其重新發展的機會，那麼出路何在？在
這樣的歷史性挑戰面前，迷茫和絕望曾經成為
拉美的主導情緒。但是一旦人們的思路被迫打
開，目光不再停留於經濟因素方面，開始考慮

來自政治方面的因素,那麼拉美在世界秩序中
的位置就會變得清晰起來。在此背景之中,我
們就有可能找準拉美社會的主要癥結,尋到衝
出此黑暗現實的根本出路。Cardoso等人所創
立的附屬理論就是沿著這樣的路徑來考慮拉美
的現實的。

　　附屬理論從這樣一個最基本的事實出發:
拉美的貧窮落後絕不僅僅是由於經濟上的原
因,它是資本主義發展過程中的副產品。資本
主義發展的內部動力必然地導致出一個中心、
一個邊緣地帶的格局,在中心地帶獲得明顯進
步和飛速發展的同時,邊緣地帶卻必然地要處
於社會不平衡、政治緊張和經濟落後的狀態之
中。拉美就誕生和成長在這樣的秩序之中。
「由於伊比利亞人的殖民化,拉美社會本身就
是作為附屬性的社會進入歷史發展的互為依存
的統一體系的。他們的歷史在很大程度上可以
被看作是其附屬狀態不斷變化的歷史,該地區
的不同社會也分別處於不同的位置,但他們都
不能突破這樣的整體框架。」[7] 作為該秩序之

中的邊緣地帶，拉美的不發達現實就根植於其
附屬的位置。在西方各列強得以充分發展的同
時，拉美必然地要陷於貧窮落後。

　　由於拉美社會和西方發達社會分屬於資本
主義秩序之中的兩極，它們各自的社會結構必
然相互差異。在這個意義上，我們不僅無法把
拉美社會和發達社會納入相同的認識範疇體
系，它們各自的發展道路也必然會根本不同。
如果說西方發達社會的發展基本上是沿著直線
式的道路向前的話，那麼資本主義秩序本身不
可能再提供給拉美社會以同樣的機遇，否則，
整個資本主義秩序將陷入瓦解。因此發展主義
路線關於「重走西方社會老路」的想法在根本
上是與現實相牴觸的。探索身陷於附屬關係之
中的拉美社會的發展道路就成為附屬理論的
主題。

　　要為變革拉美尋求到現實的出路，附屬理
論就不能再追隨以往的帝國主義理論的道路。
關於殖民地國家對於帝國主義國家的附屬關
係，以往的帝國主義理論也有所涉及，這在霍

布森（Hobson）以及盧森堡、列寧、布哈林的理論中都有所體現，尤其是集中體現在他們的殖民地理論之中。但是總體上說來，他們都是從發達社會的角度來關注這一現實的。「這些作者都生活在資本主義世界的中心，他們從這些國家的角度來探討帝國主義問題。在這些中心，他們都體會到了資本主義的擴張力量；經驗到了經濟危機，及其在被剝削的邊緣地帶所產生的種種結果……但是對於不發達世界本身究竟發生了什麼樣的事實，他們除了將此看作是被剝削的結果之外，沒有進行任何深入地分析。」[8] 而要找準拉美社會的癥結，探索出一條可實踐的道路，卻必須從拉美的現實處境出發。

　　從拉美的現狀出發，附屬理論指出，拉美社會對於西方發達社會的附屬關係不僅存在於客觀意義上的資本主義秩序之中，而且也必然是拉美社會內部的本質性關係。這就是說，附屬關係絕不純粹是一個外在的因素。「外在的一個國家對另一個國家的控制系統必然會穿透

該附屬結構，滲透到其內部。就滲透的程度而言，外在的結構已經被經驗爲內在的。」[9]在60年代的拉美，這個滲透的過程更是日益加劇。Cardoso和Faletfo等人分別從不同側面將其提煉成「國內市場的國際化」和「附屬關係的內在化過程」。[10]伴隨著這樣的過程，拉美對於西方發達社會的附屬關係也在悄悄地發生著變化，它不再僅僅作爲西方發達社會的國外領地而存在，其經濟也不再僅僅是對西方經濟的延伸。通過本土經濟的發展等一系列環節，拉美社會已在更深的層次上陷入了對西方發達社會，尤其是一些多國集團的附屬之中，只是這樣的附屬關係採取了更爲隱蔽的形式。

根據附屬理論，如果我們要更爲深入而貼近地了解拉美社會的附屬地位，我們還必須將文化的層面納入考察的範圍之內。從文化的角度看來，拉美與發達社會之間的差距更爲駭人，而且這種差距所產生的結果更具毀滅性。「如果事態如此發展下去的話，那麼不僅僅是社會學家、經濟學家、政治理論家，甚至心理

學家和生物學家們都將吃驚地關注這樣一個事實：即發達社會與不發達社會之間的與日俱增的差距正在製造出兩個人群之間的明顯分離。這意味著在很短的時間內，將出現一種真正的人類學上的分化。」[11]這種分化的出現從根本上還是源於拉美社會對於西方資本主義強國的附屬。由於這種附屬關係，二者之間的發展不平衡，必將在文化之中最為集中地表現出來。「在其發展的每個階段，進步過程的每一個水平面上，工業化的國家都能不斷向前，並且積累足夠的力量，從而保證他們達到一些新的集體的目標。而這些目標無論從數量上講，還是從程度上說，都遠遠地超過不發達社會可及的範圍。」[12]長此以往，二者在文化上的差距將又日益加大，對於一些國家來說，它甚至將成為永遠不可能彌補的遺憾。與此同時，拉美在文化上對於西方發達社會的差距又在進一步地深化著拉美的附屬地位。拉美社會似乎將永遠處於這樣的惡性循環之中。

要徹底打破此無止盡的循環，實現對拉美

現實社會的根本性變革，我們就必須首先找準
此附屬關係的根本支柱。附屬理論在這個問題
上採取了階級分析的學說，通過階級分析的視
角，我們就會發現：拉美對於西方發達社會的
附屬關係絕不僅僅是國家之間的對立，孕含於
其中的是資產階級與無產階級的對立。資本主
義秩序從根本上就是在二者的對立之中生存和
發展的，只是這種對立在拉美有了更爲複雜的
形式。它既體現在拉美諸國與西方列強的根本
對立之中，又必然地滲透在拉美國家內部的有
產者與無產者之間的關係之中。由於這樣的社
會結構，拉美的發展就既不可能走改良主義的
道路，也不可能超脫於國際資本主義秩序之
外。任何真正意義上的發展都必須通過對社會
制度的根本變革來實現，而這又意味著對於國
際資本主義秩序的破除。因此，附屬理論從拉
美的現實出發，只能得出與發展主義相對立的
結論：「在國際資本主義的體系之內，拉美不
可能有發展上的自律」（autonomous deve-
lopment）。[13]

（三）解放運動

伴隨著對於發展主義路線的批判，拉美也就逐漸開始了解放的進程，在對發展主義的反思中，附屬理論已經首先指明了拉美在國際資本主義秩序之中所處的真實位置，找到了超越拉美不發達現實的根本原因。在這樣的認識面前，種種改良主義的設想只能自行消解，代之而起的必然是一場根本性的革命，於是，代替了發展，解放必然地成為拉美人民的共同事業。

60年代的拉美政治曾一度陷入了迷茫。由於發展主義路線的失敗，在城市化運動中獲得政治領導權的人民黨先後在拉美各國喪失了領導地位，而新的發展趨勢尚不明朗。在此時期，彌漫整個拉美大陸的是悲觀和絕望的情緒。之後，拉美就開始了強烈的政治激進化過程。此間，古巴革命發揮了重要的催化劑作用。在某種意義上，它在最近的拉美政治歷史中占有分水嶺的位置，繼它之後，拉美就開始

了革命的進程。在所有這些激進化過程中，中蘇分裂是一個決定性因素。它加速了傳統的共產黨內部的分裂，從而為新的更為激進的革命團體的出現準備了條件。新的革命團體大多以游擊隊的形式，採取極端的方式，迅速地組織和動員群眾參與戰鬥。由於他們在很大程度上追隨的是極端民族主義的路線，沒有真正從人民群眾的利益出發，所以一場場的起義和戰爭常以失敗而告終。但是失敗又帶給革命進程不斷深入。革命形式不斷變化和發展，到20年代，這些極端的民族主義鬥爭已經發展成遍及整個拉美大陸的總革命。鬥爭的激進程度，不斷出現了「暴力升級」。政治激進化必然帶來現存秩序維護者們的瘋狂鎮壓，他們既走合法的道路，也採用秘密的手段，更不排除採取極端殘酷的鎮壓形式（諸如巴西政權）。可以說革命的風暴席捲了整個拉美大陸。

　　席捲拉美大陸的這場革命雖然在不同國家有不同的形式、不同的發展程度，但是它必然地有著共同的取向，這個取向就是社會主義。

發展主義路線的失敗，進一步證明了資本主義
制度與拉美獨自發展的不相容性，而附屬理論
又更為具體地闡明了資本主義制度在拉美所採
取的獨特形式，那麼要改變拉美的經濟、政
治、社會現實就只有走社會主義的道路；或者
說，要真正解放拉美人民的被剝削、被壓迫和
被歧視的處境，就必須顛覆資本主義社會，至
於如何實現對資本主義社會的顛覆和建立什麼
樣的社會主義社會，則需要拉美人民根據自身
的革命實踐來予以充實。

　　拉美的革命理論家們對此歷史重任有著
清楚的自我意識。著名的社會主義學者 bse'
Carlos Mariátequi明確地指出了拉美社會主義的
發展方向，「我們當然不希望拉美的社會主義
為其他社會主義精確摹本，它必須是一個英雄
性的創造。我們必須用我們自己的語言，在我
們自己所身處的現實之中，使Indo-American的
社會主義煥發出生命，這是一個需要整整一代
人努力的使命。」[14]這樣的努力要成為可能，
要能夠產生實質性的成果，首先需要我們破除

對於馬克思主義本身的僵化理解。「馬克思主義不是一系列可以同樣地運用於所有歷史環境、所有社會領域的原則。……在每個國家，對於每一個民族而言，馬克思主義都是在特定的情況之下，特定環境之中發揮作用的。」[15]對於拉美的社會主義者來說，歷史唯物主義不是一整套可以照抄照搬的理論體系，而是「歷史地解釋社會的方法。」它必須在具體的革命實踐之中才能獲得真正的改造現實的意義。

與其他社會主義運動相比，拉美解放運動最為本質的特徵就在於它的根本性。如果說，在《共產黨宣言》剛剛問世的年代，無產者還在很大程度上把消滅經濟剝削和破除政治壓迫作為革命的全部內容的話，那麼，本世紀60、70年代的拉美解放運動絕不僅僅局限在破除拉美對發達國家的經濟附屬、社會附屬和政治附屬三個方面。在世界歷史範圍內，以高度的大眾消費為特徵的發達社會中同樣響徹著要求解放的聲音，經濟上的富足、政治上的民主和社會生活的豐富並沒有帶來人的真正解

放，反而又給人們戴上新的枷鎖。所有這些都
在提醒著拉美人民，絕不能重蹈西方發達社會
的覆轍，解放必須是根本性的。它追求的是人
在歷史過程之中的全面解放，是人的自由的全
面實現。或者說，它追求人們對其自身命運的
主宰，而這又必然要求著全新社會的建立。總
之，解放過程在根本上是塑造新人的過程。
Ernesto Cheluevarn敏銳地指出，「我們這些革
命者常常缺乏足夠的見識和足夠的理論勇氣來
面對這樣的任務：即以有別於傳統方法的方式
來塑造一個新人的任務，那些傳統方法都必然
地受到產生它們的社會很大的影響」。 [16]

　　既然拉美的解放運動已經突破了狹隘的經
濟革命、政治革命和社會革命，旨在實現人的
全面解放，那麼它必須是被壓迫人民自己所從
事的革命。在拉美，解放是窮人自身的事業。
隨著革命進程的不斷深入，革命的主宰者逐漸
地從激進的政治團體、從堅持極端路線的遊擊
隊轉向廣泛的勞苦大眾，革命的範圍也由少數
的地區延展到整個大陸。深處災難之中的拉美

人民已經開始覺醒，已經開始了把握自身命運
的過程。

註　　釋

[1]*The Power of the Poor in History*, p.60.

[2]普韋布拉會議文獻, pp.31-39.

[3]Brockmann Interview, *Christiac Century*, p.33-34.

[4]轉引自 *A Theology of Liberation*, p.83.

[5]同註 4 。

[6]Dos Santos, *Crisis*, p.153；轉引自 *A Theology of Liberation*, p.84.

[7]轉引自 *A Theology of Liberation*, p.84.

[8]轉引自 *A Theology of Liberation*, p.86.

[9]Cardoso, *Dessarrolloy dependencia*, p.24；轉引自 *A Theology of Liberation*, p.85.

[10]轉引自 *A Theology of Liberation*, p.85.

[11]同註 8 。

[12]同註 8 。

[13]轉引自 *A Theology of Liberation*, p.88.

[14]轉引自 *A Theology of Liberation*, p.90.

[15]同註 14 。

[16]*The Speeches and Writings Eraesto Che Guevara*, p.396.

第二章
處於解放
進程之中的教會

　　拉美的革命之火在點燃人民的革命意識的同時，也點燃了拉美的整個基督教世界。長期以來，拉美的教會總是力圖使自己與現實「毫無關礙」，尤其使自己遠離各種政治上的紛爭。為此，在信仰方面，它以保守的態度著稱。19世紀的自由運動和反教權運動把它當作為敵對的目標，而今變革社會的革命力量也將其作為批判的主要對象之一，因為它在反對變革的同時，必然與現存制度的維護者們攜手共濟。但是隨著解放日益成為拉美社會的主題，變化也逐漸成為天主教世界的現實。一段時間以來，拉美教會一直在努力走出遠離現實

世界的傳統處境。從單個的教徒到小規模的團
體乃至整個教會都已開始關注眼前的拉美社
會，努力認清現實並敏感地觸及到了所有這一
切的政治意義。於是便有了對於現存制度之不
合理性的指責，對於革命的公開支持，更有大
批的基督徒們毅然投身革命。平靜的基督教世
界開始了強烈的激進化進程。雖然從總體上
說，整個教會絕不是整齊劃一的，在一批又一
批的革命基督徒不斷湧現的同時，也存在著從
各方面反對他們的力量。但是在解放的主題之
下，這些革命基督徒的精神在鼓舞、激勵著無
數後來者，他們的聲音響徹了教會內外。他們
才真正代表著基督教世界。

第一節　基督徒的激進化

　　60 年代以來，拉美教會逐漸開始了激進
化進程。放眼整個拉美教會，其激進化的過程
既不是自上而下的，也不是自下而上的，而是

經歷了從外圍到中心、從邊緣到核心的過程。
激進化過程從處於基督教世界邊緣地帶的信徒
們開始，逐漸地影響到教會中心，直至波及整
個拉美基督教世界。爲此，我們將分平信徒、
教士與修士和主教這三個部分來反映拉美基督
徒的激進化。

（一）平信徒

在拉美教會的激進化過程中，平信徒是一
支不容忽視的力量。在某種意義上，他們甚至
帶動了這整個過程。在基督教史上，平信徒力
量的凸顯是在馬利坦（Jauques Maritan）提出
「新基督教世界」（New Christiandom）之後。
馬利坦根據聖・托馬斯・阿奎那（St. Thomas
Aquinas）關於恩寵不僅不會壓制和取代自然，
反而完善它的想法，提出其政治哲學。在其
中，他強調現世相對於教會統治的自治性，阻
止教會對於世俗事務的任意干預，從而爲平信
徒們留下了廣泛的活動空間。平信徒可以本著
基督教的根本原則，投身到建設正義社會的事

業之中，即投身到建設「世俗的基督教世界」
（Profane Christiandom）或新基督教世界（New
Christiandom）的過程中。新基督教世界的建立
為教會的救贖事業提供著必要的條件。在這整
個過程中，平信徒們由於擺脫了教會利益的直
接左右，享有政治行為上的自由。自此，就有
一批又一批的平信徒加入到建設正義社會的隊
伍之中，平信徒運動也得以日益發展起來。然
而歷史上的平信徒運動走的卻是溫和主義的路
線。他們雖然以建立在正義、對他人尊重以及
人們之間友愛關係之上的社會為目標，但其具
體的政治立場卻是相當溫和的。「它是一種把
對過去的懷戀（例如重建教會）和現代化的思
想加以雜拌的立場」。[1]

　　拉美的平信徒運動也是如此。它們常常為
有著社會─基督教傾向（Socio-Christian
inspirations）的政治黨派提供領導人。但隨著拉
美社會矛盾的加深、政治衝突的加劇，平信徒
運動逐漸開始激進起來。首先採取激進立場的
是學生、工人和農民等基督徒團體，他們拒絕

與任何溫和的政治團體合作，這在青年鬥士們
（young militants）的身上表現尤為明顯。政治
上激進的立場不僅帶來了平信徒運動與統治集
團之間的衝突，在教會內部，它也為其部分成
員招致了切身的麻煩。

　　平信徒運動的激進化還不止於此。他們還
把激進的革命運動與福音的召喚聯繫起來，認
為是上帝的福音在召喚著他們投身被壓迫者、
被剝削者的行列，在與其共求解放的過程中迎
接上帝之國的到來。在拉美這塊熱土上，建設
上帝之國的事業正與社會革命的過程融為一
體，對於平信徒來說，已經不能再堅持信仰與
現實的二分。教會與現世的分離只意味著教會
與現存社會秩序的統一，而所有這些可惡的秩
序、制度正是他們所要變革的對象。要觸及到
問題的根本，要具體到真正的現實，就只有選
擇社會革命。信徒成了革命者，更具體地說，
平信徒們紛紛成立或參加了革命的團體。由於
拉美大陸嚴峻的政治局勢，也由於這些團體本
身懷有顛覆性的目標，它們往往只能以地下的

形式存在。面對著拉美社會制度對於受壓迫者、受剝削者所實施的種種暴力，他們拿起了武器，用暴力的手段來反對這「制度性的暴力」、「非正義的暴力」，以求最終真正地消除暴力。

於是在反暴力這個問題上，有關人本身的問題獲得了具體性。反暴力不是一種抽象的倫理上的關注，而是關係到無數窮人之生死存亡的嚴酷現實。如果從概念上進行抽象地推演，我們會說用暴力來反對暴力，這樣只會導致暴力的不斷升級，永遠無法真正消除暴力。然而一旦我們考慮到各種暴力在社會現實中分別意味著什麼，它們又分別針對著什麼對象，我們就能在其中看出區別，體會出為何要訴諸暴力來實現人的解放。激進的平信徒們在這點上不僅把矛頭指向了教會。教會堅持信仰與社會現實的分離，實際上，是在人的生存問題本身加以抽象化，他們也向平信徒運動中最為先進的教育方法（pedagogical methods）提出了挑戰。以法國工人的天主教行為團體為代表的平信徒

團體，由持不同政見的基督徒們組成，他們旨
在根據信仰，實施改良 （a relision derie），
但是拉美平信徒運動的政治激進化卻要求其成
員一定要採取統一的政治立場。如果說 「法
國工人的天主教行動」（Worker's Catholic
Action）的模式在較爲穩定的社會之中尚爲可
行的話，那麼拉美的政治現實則斷然否定了它
的可行性。在這裡，平信徒和被壓迫者與他們
的共同敵人之間的對立日益堅決，值得注意的
是，拉美的激進平信徒團體卻在共同的政治立
場上，容納了分屬不同宗教派別的廣大信徒。
在這個意義上，它是一種全基督教的團體。雖
然他們往往不爲教會方面的權威們肯定，但是
在其中，信徒們卻在實踐著共同的信仰，致力
於共同的解放事業。這種共同的事業就宣告了
傳統的主基督教模式（重要的公民之間的聯
繫）的過時，從而爲基督教世界的統一開闢出
了一條新的路徑。平信徒運動的發展向我們表
明：不僅在同一的平信徒運動內部，有著統一
的信仰和實踐，在不同的平信徒運動之間也出

現了組合與合作。它們彼此聯結在一起的原因
是由於它們在拉美的政治實踐中以及拉美的教
會中所採取的共同的立場，他們選擇了支持被
壓迫者，參與了解放的事業，在這條共同的道
路上，他們找到了基督教共同體在人類解放進
程中真正作用之所在，看到了基督教的創造性
和豐富性。

（二）教士與修士

　　如果說激烈的平信徒運動拉開了拉美基督
教激進化進程之序幕的話，那麼伴隨著大批教
士、修士們的激進化，激進化的潮流就已經衝
進了教會的內部。自梵蒂岡第二次會議，麥德
林主教會議以來，已有越來越多的教士、修士
們要求直接參與有關教牧決議的制定，他們日
益成為教會內部最為能動的力量之一。需要強
調的是，他們的能動性絕非停留在制定教牧決
議方面，通過努力，他們直接要求著教會本身
的改變：教會必須割斷其與現存不正義社會制
度的任何關聯，轉而同那些受剝削、受壓迫者

結爲一體，因爲這是上帝的召喚，是福音的
啓示。

　　激進的教士、修士們不僅僅代表著一個個
單獨的聲音，在拉美的許多國家，還相繼出現
了由這些激進的教士、修士們所自願結成的團
體。這些團體之所以能夠存在，就是因爲其成
員都堅守著同樣的信念與共同的宗旨。面對著
不正義的現實社會，他們堅信，上帝的偉大就
在於他必將戰勝罪惡，解救人類。而變革現存
不合理的制度，實現被剝削、被壓迫者們的徹
底解放就是他們所抱定的宗旨。爲此根本宗旨
所決定，他們不僅毅然加入了解放者的行列，
還把目光聚集在教會之上。爲了順應解放的主
題，教會的內部結構不僅必須經歷相應的變
革，教會更要改變和擺正自己在拉美大陸的位
置。明白地講，教會必須從統治者的隱蔽同盟
者轉爲被壓迫者的同盟，乃至成爲被壓迫者的
一員，必須從「富有的教會」變成「窮人的教
會」，乃至是「貧窮的教會」。

　　激進的平信徒們在嚴酷的鬥爭中，最終不

得不拿起了武器，投身解放事業的教士、修士
們也必然要走上政治革命的道路。以 Camilo
Torres為代表，這些革命教士、修士們大都在
積極從事著各種各樣的革命實踐，他們往往會
與某個革命團體密切關聯。雖說在基督教史
上，基督徒之投身政治並不罕見，但那大都是
以宗教為藉口的。而拉美的革命基督徒們則不
然，他們不僅獻身革命事業，並視之為一個基
督徒的本分與義務。而且，他們所從事的政治
實踐也遠非平常意義上的政治行為，那是旨在
顛覆整個現存社會制度的根本性革命。這在基
督教的歷史上是史無前例的。

　　至於這些革命修士、革命教士們會選擇如
此的生存狀態，在統治者看來是不可思議的，
也是最危險的。如果說社會上存在著一些極左
的政治團體，它們往往採取一些極端的行動，
都應屬正常現象的話，那麼基督徒之成為革命
者在他們看來則是絕對反常的。前者的存在不
僅不具有毀滅性，反而在印證著現存社會制度
之自我維持的能力，而基督徒一旦從社會制度

的穩定因素轉變爲強大的破壞力量，那麼就意
味著既存社會制度遭到了前所未有的威脅。因
此所有的革命基督徒們都成爲他們鎮壓的對
象，他們盡其餘力要撲滅這革命的火種。於是
許多革命基督徒被警察嚴密監視，被他們瘋狂
追殺，另有一些革命基督徒或者身陷獄中或被
驅國外（例如巴西、哥倫比亞、玻利維亞、多
明尼加），更有一些革命先驅已遭殺害……

　　面對著這樣的結局，爲什麼還有一批又一
批的教士、修士們加入革命者的隊伍，那是因
爲他們正是在革命的過程裡，在解放的實踐
中，才體會出一個基督徒的真正含義。目睹著
拉美大陸上的種種怪現象，親歷著窮人們在肉
體和精神上的苦難，他們已經不滿於教會爲他
們所限定的活動範圍，他們已經明確意識到了
所有「純宗教」行爲的軟弱無力。於是，究竟
如何評價教士目前的生活方式？作爲一個牧
師、一個修士究竟意味著什麼？成爲擺在他們
面前的危機和挑戰。席捲拉美大陸的革命汛潮
爲他們提供了新的歷史機遇。越來越多的教士

們在對被壓迫者們的認同中，在爭取解放的革
命鬥爭中，發現了宗教生活的全新含義。對於
這些革命基督徒來說，福音作為上帝之音，它
傳達著愛的信息，它直指所有非正義的根本，
是一種無法比擬的解放的力量。我們只有在解
放人類的實踐鬥爭之中，才能親受到福音的召
喚，才能實現對於他人、對於自己和對於上帝
的無限關愛。

（三）主教

　　對於這股席捲整個拉美基督教世界的激進
化潮流，很多主教們是始料未及的。他們顯然
對於此激進化潮流在教會內所造成的摩擦、震
蕩乃至尖銳對立準備不足，以至於往往處於被
動回應的地位。然而也正是這樣的形勢，促使
他們擺脫了對於純宗教世界的迷戀，開始意識
到教會本身的社會制度，開始重新思考教會在
現代世界之中的職責和使命。

　　一旦社會現實成為主教們直接關注的對
象，其罪惡的本性也就呈現了出來。很多主

教，尤其是那些身處剝削最爲深重、最爲貧困
地區的主教們，都對於眼前的罪惡現實進行了
強烈的指責。當這些指責開始觸及到造成此非
正義現實的根本原因——資本主義的社會制度
時，他們就遭遇到了空前的阻力。無論是國家
內部的政治強權者，還是經濟強權者，都公然
開始與主教們對抗。他們不僅指控這些主教們
超越了自身的權限，企圖非法插手世俗事務，
而且強調，所有這些主教都犯了最爲嚴重的不
赦之罪，即對馬克思主義的觀念持友好或接受
的態度。由於這些保守力量的強烈反應，一些
主教不得不變成爲最受關注的政治人物。在政
治上的被關注，尤其是與現存制度維護者們的
公然對立，帶給他們的只能是更爲嚴密的監
視、更爲嚴重的警告，有時甚至是來自極右集
團的死亡威脅。只是所有這些並沒有阻擋住激
進化的潮流。在此潮流之中，走向激進的不只
是一個個孤立的主教，而是整個的主教會議。
激進化的潮流擠進了教會的核心。最爲明顯的
例證就是：巴拉圭的主教們革除了該國政府中

三位高級官員的教籍（一位部長，二位警察官），當今，革除教籍已屬罕見，而當這種懲罰被應用在那些聲稱自己是西方文明以及基督教文明的保衛者的當權者們的身上時，就更顯得不同尋常。但是，拉美的主教會議就是這樣公然地表明了自己的立場，哪怕這同時意味著無盡的麻煩和災難。並且，他們在激進化的道路上越走越徹底。

在大多數情況下，在密切關注社會現實，積極「干預」政治事務的過程中，主教們對於非正義現實的指責，對於社會變革的肯定都以文字為載體，表現在書面性的論述之中。但是在激進的主教隊伍中，也不乏那些敢於採取具體行為的堅決者，他們在宣明其立場的同時，往往還會走出教堂，走進罷工工人的隊伍中，加入到遊行示威的行列中……

幾乎每一次的拉美主教會議都在這方面投注了大量的注意力。可以說，對社會變革的關注和對教會存在的重新定位是主教會議們的兩大主題，而且在這兩個方面，拉美的主教會議

都取得了很大的進展，不僅如此，還確有很多
主教已在變革教會內部結構方面做出了實質性
的努力。雖說從現實效果來看，這些變革還遠
沒有滿足現實對於教會的要求，它們還僅僅是
最初的起步，但是在拉美的基督教世界裡，它
卻開拓出了發展的方向。

第二節 認識層面上的進展

在此激進化的潮流之中，革命基督徒們紛
紛獻身解放的事業，為基督教世界開闢出了一
條全新的道路。在這條道路上，除了有他們的
一次次具體行為、一場場具體的鬥爭之外，還
必然地伴隨著他們在認識上的進展。如果說在
此潮流之前，基督徒們的認識可以被等同於對
信仰的理解，而這又往往被局限在對於《聖
經》文本和傳統教義的理解上，那麼，革命基
督徒們的認識則有了全新的內容。自現代化世
界不斷向教會發起強有力的衝擊以來，基督徒

就不再可能堅持信仰與現實生活的絕對二分，
他們被迫開始關注、認識眼前的現代化社會。
1962-1965年的梵蒂岡第二次會議表明，基督教
世界也已經開始對自身的這種處境進行反思。
作爲結果，教皇約翰二十三世（Pope John ⅩⅩⅢ）
強調，教會必須進入現代世界，爲此決定，它
必須經歷相應的變革。從此，基督徒們開始更
加主動地關注現實，思索造成現實罪惡的根本
原因，探尋消除罪惡的現實出路；與此相聯
繫，他們也開始了對於教會自身的認識和反
思，開始尋求教會在現代世界中的重新定位。
正是這樣的認識，使得他們日益堅決地加入到
革命者的隊伍，力求在解放人類的革命中，實
踐對上帝的信仰。在這個意義上，基督徒的革
命認識不僅是其革命實踐的有機組成部分；我
們還可以說沒有革命認識，就沒有革命實踐。

（一）有關拉美現實的改造

　　在梵蒂岡第二次會議中，對於現實的關注
就已成爲突出的主題。其中最長的會議文件，

〈教會和當今世界〉就緊緊抓住社會的非正義
問題，尤其是拉美社會的非正義現實來批判資
本主義社會，特別是批判其對利益的過度追
求。與此相對，它卻表明了對於工人之組成工
會、進行罷工等權利的支持；主張用各種形式
的公共占有的權利來制約私有財產的絕對權
威。例如，在〈教會和當今世界〉中就有「人
們應當將其法定財產看作不僅僅是自己的，而
且是公共財產，因為人們不僅應當關注自身的
利益，還應當關注他人的利益；當有人處於極
度貧困之中時，他或她就有權利從別人的財富
中拿去他或她所需要的部分」。[2]

　　這樣，梵二會議就為整個基督教世界的發
展定下了基調。拉美的激進基督徒們繼承著梵
二會議的精神，繼續著對於拉美現實的認識和
批判。在這方面，不僅僅有來自教會各方的努
力，更有大批的革命平信徒、教士、修士乃至
主教們已走在時代的前端。但為了集中說明作
為整體的拉美基督教世界在這方面的進展，我
們還是選取主教會議作為聚焦點。

1955 年，北美主教會議（The Episcopal Council of Latin America）成立，作爲拉美所有主教的集合，它在最初的幾年內並沒有取得任何有實質性的成果。只是在梵二會議之後，它才將拉美地區的現實問題作爲一系列會議的主題，並在把握拉美現狀方面取得了實質性的突破。這種突破集中體現在 1968 年在哥倫比亞的麥德林舉行的麥德林主教會議之上。該次會議的主題原定爲「根據主教會議來看身處拉美變革之中的教會」（The Church in the Present-Day Transformations the Council in the Sight of Latin America）。這標誌著北美的主教會議開始將拉美的現實作爲直接的關注對象，並試圖以此爲基礎來反思教會自身。

作爲教會之深入拉美現實的基本前提，麥德林主教會議首先明確承認了這樣一個事實：教會與拉美的現實息息相關。教會不僅無法將自己高置於現實之上，而且還必須承擔對於現實社會中種種非正義的責任，因爲它通過與現存秩序的關聯以及對其中所蘊含的罪惡的沉

默，實施了對於非正義現實的支持。正如秘魯的主教們所言 「爲了實現我們這些基督徒對於福音的所謂忠誠，用我們的言語和態度、沉默和無行動對當今的非正義現實做出了很大的貢獻。」[3]

要承擔起對於現實的責任，就必須認清現實的面目。參加麥德林會議的主教們認爲，拉美現實處於一種「可以被稱作制度化的暴力的非正義情勢之中」 [4]，在此制度化的暴力之下，有成千上萬的無辜者受害、遇難。統治者們爲了維護所謂的「社會秩序」，可以合法地利用暴力，任意地損害人們的基本生活權利。這種狀況愈演愈烈，拉美的主教們不得不一再警告「對於多少年來，一直身處於這種對於任何一個有著人權意識的人來說都無法接受的處境之中的人民，不得濫用其忍耐性。」[5]針對此制度化的暴力，拉美的一部分教士們則堅決要求「在考慮有關拉美的暴力問題時，我們千萬要避免把統治者們（他們維護此萬惡的制度）的非正義暴力和被統治者們（他們被迫使

用暴力來爭取解放）的正義暴力相等同」。[6]
對於基督徒來說，以制度化的暴力「爲代表的
這種非正義現實，實際上是一種罪惡的現
實」，因爲「那裡沒有社會的和平，在那裡我
們就能發現社會的、政治的、經濟的和文化的
不平等，發現對於上帝的和平的拒斥、對於上
帝本身的拒斥」。[7] 因此有一批牧師們宣布
「對於不公平的工資待遇、剝削和饑餓，我們
有權利也有責任進行譴責，譴責其明白地顯示
著罪與惡」。[8]

　　爲了實現對於此罪惡的真正譴責，還必須
在認識的層面上深入到造成此現實的根本原
因。在這一點上，麥德林主教會議取得了對於
附屬理論的認同。「對於拉美的不發達現實，
只能根據它對於發達社會的附屬關係來加以理
解，在很大程度上，拉美的不發達是西方社會
發達的副產品」。[9]就拉美大陸對於西方世界
的附屬關係而言，不僅是經濟上的、政治上的
附屬，同時也是文化上的附屬。對於此附屬關
係的洞察使得拉美大陸的歷史主題由「發展」

轉爲「解放」，與之相應，解放也成爲主教會
議文獻的主題。「在人民當中，我們看到了一
種對於解放的渴望和一場爭取正義的鬥爭運
動。這不僅僅是爲了改善生活條件，更是爲了
能夠參與對於國家社會、經濟資源的調配和有
關決策的制定」。[10]對於解放的內涵，麥德林
會議還進行了更深層次的發掘，解放對於被壓
迫的拉美人民來說，就是要實現對自身命運的
真正把握。爲此根本目標所規定，革命教育在
拉美的解放進程中才獲得了關鍵性的地位，
「它是使人們擺脫所有的奴役形式，使人們從
不夠人性的生存狀態進入到更爲人性的生存狀
態的關鍵性的工具……」[11]而在主教們的視野
中，人民之擺脫奴役，實現對自身命運的把
握，或者說，人民的解放，還有著另一層獨特
的內涵。它體現了由基督帶來的對於罪惡的根
本解放：「正是這同一位上帝，他在時機成熟
的時候，遣送其獨子，道成肉身，來到此世。
以便他能夠把所有的人都從罪惡使他們所遭受
的奴役之中解放出來，即從饑餓、痛苦、壓迫

和愚昧中解放出來。總之，從那根源人的私心
的非正義和仇恨中解放出來」。[12]既然此世的
解放實踐源於基督所帶來的解放，對於耶穌基
督的信仰必然地要求基督徒們投身解放鬥爭，
向現實的罪惡開戰。在麥德林會議中，我們聽
到了這樣的聲音，「我們無比地清楚：正在進
行之中的社會革命，堅決與其保持一致！」[13]

　　在麥德林主教會議的大量文獻中，解放又
常常被等同爲社會革命，這之所以是必然的，
是因爲拉美現實之中的種種問題，一切罪惡都
根源於資本主義社會的結構，其結構產生著萬
惡的附屬關係的「必須改變社會制度的根
基」，因爲「只有在徹底改造現存社會結構的
情況下，才有可能產生對於這些問題的真正解
決」。[14]在當今的世界歷史條件下，根本改造
資本主義社會的革命，往往需要社會主義的道
路，拉美的社會革命也是如此。墨西哥教會的
Don Sergio Mendoz Arceo以極其明白的語言宣
稱「只有社會主義才能使拉美取得真正的發
展⋯⋯我認爲社會主義更加符合基督教的友

愛、正義、和平的原則。我不知道是什麼樣的
社會主義，但這是拉美應當走的道路」。[15]不
論拉美各國所走的社會主義道路分別具有怎樣
的具體形式，在主教們看來，有兩點是它們共
有的規定性。首先這種社會主義必須是拉美的
社會主義。這就是說，它必須適應拉美的獨特
歷史環境，體現拉美歷史的發展趨勢。正如哥
倫比亞的教士們所宣稱的「我們正在被引導著
用我們的努力和行動來建構一個社會主義類型
的社會。這種社會順應於我們時代的歷史趨
勢，契合於哥倫比亞的獨特性質。它將使我們
有可能消除各種形式的人對人的剝削」。[16]其
次，社會主義社會作為正義的社會，它的建立
與上帝之國的實現是同一個過程。也正是因為
基督徒對於社會主義社會有著如此的理解，他
們才會以極大的宗教熱情投身於艱苦的解放鬥
爭之中。

就是這樣，革命基督徒們在解放鬥爭中無
私地奉獻出其智慧、感情、力量乃至生命，但
他們卻從沒有自比為人民的救星。恰恰相反，

在他們的心目中，只有這些「無知無求」的苦
勞大眾才是解放事業的主體，才是人類歷史的
脊樑。「我們相信，社會的改造不僅僅是為人
民的革命；相反，我們認為人民群眾，尤其是
農民、工人、被壓迫者和處於社會底層者必須
參與他們自己的解放事業。」[17] 正是出於這樣
的認識，麥德林主教會議特別強調喚醒人們革
命意識的關鍵性意義。而人民革命意識的覺
醒，又必須依托於最為基層的人民組織的建
立，所以主教們明白地表示了對於其基層社區
建設的鼓勵和支持。自麥德林會議之後，基層
社區就以星火燎原之勢在整個拉美大陸迅速地
發展起來。

　　歷經十年，到 1979 年普韋布拉會議召開
時，拉美的基督教世界在解放的道路上已經歷
了許多曲折和磨難。這其中既有以阿方索、洛
佩茲、特魯吉洛為代表的教士保守勢力的瘋狂
攻擊和竭力阻撓，也有革命基督徒們的義無反
顧、勇往直前。作為這種對立和鬥爭的結果，
普韋布拉會議並沒有宣告解放基督教運動的結

束，而是在解放的道路上又更進了一步。在長
長的普韋布拉會議文獻中，革命者可以發現作
爲整體的教會在認識現實方面的進展。首先貫
穿於整個普韋布拉會議文件之中的是「優先
考慮窮人」（the preferential option for the poor）
的主題。文件指出，與十年前相比，眼前窮人
的生活狀態更趨惡化，尤其是婦女們處在雙重
壓迫之下，承受著最爲深重的苦難，與此同
時，窮人們已不再被動地受窮，「他們已經開
始組織自己，以求能以統一的方式來實踐信
仰，已經開始要求自身的權利」。[18]在過去教
會沒有給窮人以足夠的支持，那麼在將來，教
會必須更加明確地認同窮人。與此主題緊密相
聯的是對另外兩個重要現實問題的態度：對於
基層社區建設的全力支持和對「民族安全」哲
學的極力駁斥。所有這些都表明，教會對於拉
美的現實不僅更加深刻，也更富於理論勇氣。
在主教會議文獻中，主教們已經敢於抓住最爲
敏感的現實問題，並明確表明自身的立場。革
命基督徒們就是這樣，在變革現實的解放道路

上，留下了一串串堅實的腳印。

（二）有關拉美教會的變革

　　基督教世界對於拉美現實的關注，使其逐漸洞察到了資本主義社會的現實罪惡。由此，徹底改造資本主義社會，努力建造一新型的正義社會成爲拉美基督徒們的歷史使命。不過，對於拉美基督教世界來說，要真正擔當起此使命，還必須以拉美教會自身的變革爲基本前提。因爲拉美教會的傳統的存在方式只意味著對於現存秩序的認可和維護。

　　實際上，自梵二會議起，對社會現實的關注和對教會自身的反思就被不可分離地連在了一起，共同成爲基督教世界的主題。教皇約翰二十三世之所以要召集此次天主教世界的大會，就在於他已明確地認識到，教會必須進入現代世界，必須經歷相應的變革。因此，整個梵二會議的主題一方面是對現代社會的關注，另一方面就是對教會自身的思考。在此次會議的文獻中，除了著名的〈教會和當今世界〉

（The Church and the World Today）直接針對社會非正義問題之外，其中的大部分還是圍繞著教會的內部事務展開的。只是在討論這些問題時，主教們已經開始從教會在現代社會中的真實處境出發，對教會已然的存在方式進行批判性的反思，力求明確教會在當今世界中所應具有的新的存在方式。或者說，主教們已經取得了這樣的共識：隨著教會之進入現代世界，教會自身的存在必須發生變化。至於該變化落實到每個具體的細節上應分別採取怎樣的方式，已經超越了本文所要把握的範圍。在這裡我們所要強調的是此變化的根本方向：「教會應該像基督所做的那樣來完成自身的使命，即『在貧窮和被壓迫之中』來完成解放人類的事業」。[19]這表明，在兩極分化的現代世界中，教會必須明確其窮人的立場。

到 1968 年，麥德林主教會議召開之際，拉美的教會已經在變革自身的道路上邁出了堅實的步伐。相應地，在認識的層面上，也獲得了更加明確的自我意識。如前文所述，麥德林

主教會議首先明確了教會對於社會現實的義務關係。教會不僅無法超脫於社會現實之外，或高居於社會現實之上，對於社會中種種非正義現實還承擔著不可推卸的責任。這種責任來源於歷史上教會的存在方式。爲此義務關係所決定，教會要想真正地實現其解救人類的神聖使命，必須斷絕與現存秩序維護者們的任何聯繫，轉而與窮人們結爲一體，參與到窮人們的解放事業中去。在此背景下，拉美教會的兩大歷史任務也就凸顯了出來：預言的任務（prophetic task）和覺悟啓蒙性質的宣講福音任務（conscienticizing evangelization）。

具體地講，教會所做的預言是對上帝之國的預言，對於永久和平的正義社會的預言。相對於拉美罪惡的現實，對於和平、正義的預言，也就變成了對於現實罪惡的譴責。對於拉美社會中種種非正義現象的譴責，「譴責所有違反正義、破壞和平的東西是我們這些教會的牧師們的責任」。[20]這些譴責不僅僅是些口頭上的聲明、書面上的闡述，它更意味著教會對

窮人的團結、對富人的鬥爭。因此，主教們往
往「不僅要就有關的情勢做出聲明……還要集
中注意力於一些具體事件之上……對於他們採
取明確的立場。」[21]由於這些譴責直接針對著
現存秩序、針對著現存秩序的維護者們，它必
然會遇到來自各方面的阻力，具有著政治上的
內涵。教會的保守勢力往往以維護宗教行為的
純潔性和尊嚴為由，極力反對教會對於非正義
現實的譴責，認為這意味著教會對於政治的參
與。但是「這種虛假的熱情實際上掩蓋著這
樣的欲望：即當真實的需要是對那些深受非正
義之害的人們給予幫助，幫助上帝之民們培養
起社會責任心和政治責任心時，卻要把沉默的
律法強加給我們。」[22]這樣欲望不僅不是純宗
教的，而且本身蘊含著明顯的政治意義。在拉
美教會對於非正義現實的譴責中，表達的不是
改良此現存秩序的願望，而是要徹底斷絕與它
的任何關聯。「當一種制度已不能推動整體的
利益，而且有利於少數人時，教會不僅要譴責
其非正義，而且必須斷絕與此罪惡的體制間的

任何關聯」。[23]斷絕了與現存秩序的關聯，脫
離了與當權者們的聯繫，「教會將能夠建立
起……它應當具有的唯一的塵世間的紐帶，與
國家中那些被剝奪了任何權利的人們結為一
體，分享他們的憂患、參與他們的鬥爭。」[24]

　　如果相對於這些被壓迫者，尤其是他們的
解放鬥爭而言，教會對於和平、正義的預言就
具有了建設性的意義。「預言正義的使命要
求：一方面，在革命的過程中，教會要指出那
些真正的完善人性的因素，要鼓勵其成員更加
堅決、積極地投入革命的潮流。另一方面，教
會也必須指出在此變化過程中所出現的那些非
人性的因素……」。[25] 這樣，教會在對上帝
之國的言說中，不僅強有力地抨擊了現存制度
的罪惡，也為追求解放的人們帶來了信心和希
望。

　　在革命的浪潮中，比預言的任務更為緊要
的是覺悟啟蒙性質的宣講福音任務（conscien-
ticizing evangelization）。上帝之國的完美確實可
以帶給信徒們以無窮的遐想，但若不能將對上

帝之國的嚮往與對自身歷史處境的意識合而為
一，這種期待和嚮往很難轉化成實際的行動，
真實的希望也會逐漸被抽空為聊以自慰的幻
想。在西方發達社會，各種流派的馬克思主義
學說正在致力於同樣的事業。他們之所以對資
本主義社會進行酣暢淋漓的批判，目的在於徹
底衝破民眾的物化意識，使無產者明確自身的
歷史地位。由此理論層面上的批判才能與物質
層面上的革命連為一體。在基督教世界中，教
會更可憑藉信仰的力量來啟蒙信徒們的良知。
正如參加麥德林主教會議的主教們所說，貫穿
於整個福音書的基調是對窮人的權利的要求。
因為「我們在聖經中所認識的上帝是解放人類
的上帝，是培養出預言家以指明正義和仁愛之
路的上帝。他是解放奴隸（Exclus）、傾倒帝
國、拯救被壓迫者的上帝」。[26] 如此的信
仰，必然會促使信徒們明確，被壓迫的民眾不
是歷史過程之中的附屬，恰恰相反，他們應是
自身命運的主宰。因此，上帝之國不應是虛無
飄渺的彼岸世界，它應在民眾的手中得以實

現。對上帝的信仰，對福音的理解，將使人們
革命的態度更加堅決，信心更加充分。所有這
些都決定了，教會宣講福音，必須與對人民群
眾的覺悟啓蒙融爲一體，否則，教會將在實際
上背叛了耶穌基督所帶來的福音，即關於
「被壓迫者的解放」的福音。又因爲解放的事
業必須在被壓迫者的手中完成，所以主教們進
一步指出「宣講福音的行爲應當首先針對著窮
人，這不僅僅是因爲他們需要理解自身的生
活，而且是爲了通過參與他們的解放和發展來
幫助他們明確自身的使命」。在這個意義上，
可以說「對被壓迫者們宣講解放的福音，是
教會的首要職責」。[27]

　　在所有這些過程當中，無論是對永久和
平，正義的預言，還是向被壓迫者們宣講福
音，教會在極力實踐著的都是貧窮本身。借用
古斯塔夫·古鐵雷斯的話，麥德林主教會議已
清醒地意識到「貧窮是對拉美教會的最爲經
常、最爲緊迫的要求」。[28]用更明白的話說，
「不僅僅要成爲窮人的教會，我們必須是貧窮

的教會」。[29]要實現貧窮的規定性，教會除了要擔負起預言正義和宣講解放的福音的使命之外，還必須把變化直接地引入教會的自身結構、引入教士們的生活方式。只有如此，教會的種種變革才能落實。

就教會的自身結構而言，面對著現實所提出的嚴峻挑戰，它已經顯得過時而缺乏生命力。平信徒運動的代表們尖銳地指出：「教會的結構（pastoral structures）是不充分的，不合適的。如果它想適應於它在其中運行的社會學的環境的話，整個的教會結構必須經歷重組」。[30]這點也是麥德林主教會議上的一個共識，變革教會自身結構，被認為是最為緊迫的課題之一。

就教士們的生活方式而言，它的變革是多方面的。一方面，教士們必須丟棄對純宗教生活的迷戀，勇敢地承擔起對於社會的責任。這集中表現在教士們通過對非正義社會的譴責和對人民正義事業的支持，而加入到建設新社會的行列之中。上文已經指出，在這種譴責和鼓

勵之中，多多少少地含有著政治的意味，但它更是福音，向我們提出的最為起碼的要求。因為它關注的是「人對於自己作為上帝之子所應有的權利、自由和人的尊嚴的要求」。[31]另一方面，教士們也必須改變其謀生的方式。為了使教會能更大程度地擺脫對於政府和軍方的依賴，為了使教士們能真正地融入到人民的世界之中，教士們應當也可以從事世俗的職業。也許此謀生方式的轉變帶來的是物質生活上的匱乏，但只有這樣，才可能有真正意義上的「貧窮的教會」。在麥德林會議上，貧窮已成為教會在現代社會中對自身的定位。

到1979年的普韋布拉會議（Puebla），主教們在回顧教會在這十年間所走過的道路時，就更明確地突出了「優先考慮窮人」（the preferential option for the poor）的主題。在此主題之下，主教們一方面自覺到了教會在過去的時間裡，對窮人事業的支持不夠充分；另一方面也為教會在以後的路途中能更加地同窮人們連成一體提出了許多建設性的意見：教會必須重

新審視自身的結構，必須確保樸素的生活方
式，必須以「真正貧窮的形象」[32] 存在；與
此同時，教會必須「理解和譴責那些產生貧
窮的機制」，批判「制度性的罪惡」。為了
使窮人們能夠真正把握自身的命運。所有這些
都在強化著這樣的認識：實現解放人類的使
命，教會不僅要成為窮人們教會，更要成貧窮
的教會。就是這樣，教會在通往現代世界的道
路上，不斷地深化著，強化著自我認識。

（三）留給神學的問題

　　放眼整個拉美基督教世界，我們可以說，
自 60 年代以來它已經逐漸步入了解放的進
程。這意味著「變化」成為基督教世界中最顯
著的現實。如果說歷史上的拉美教會與現存的
秩序之間一直有著血脈相連的親近，這種親近
關係甚至被維持到今天的話，那麼隨著解放運
動在拉美大陸的風起雲湧，它也開始了轉變立
場的過程。這不僅最直接地體現在基督徒們的
激進化之中，也反映在教會在認識層面的進展

之上。所有這些帶來的是教會在歷史中的新的
存在狀態。教會從支持富人的統治事業，轉而
支持窮人的解放事業。對於這種存在狀態，現
存秩序的維護者和獲益者們顯得措手不及。他
們一方面宣布「教會已經成為一種致力於變
革（如果必要的話，也可能是革命性的變革）
的力量」[33]，並因此而動用各種各樣的懲罰
制裁手段；另一方面又滿懷憂慮地指出「教會
可能與青年們處於相同的情勢之中——有著極
度的理想主義的傾向，但結果卻常受到顛覆性
的滲透的有害影響；必要的話，願意採取革命
來終結現實中的非正義，但對於革命的最終性
質和現存政治的體制卻不甚明瞭，不明白它所
尋求的正義能在既存制度中得以實現」。[34]所
以他們力圖通過對革命基督徒的有力打擊、殘
酷鎮壓來挽回局面。這樣一來，教會內部的變
化又得到了不斷的加深，而所有這些不得不引
起基督教徒們對自身存在的思考，因為「目
前，教會生活中發生的日常事件已經遠遠超出
了普通基督徒們的預料。五年前，誰能想到在

這塊大陸上，修士們會被謀殺、基督徒們會遭迫害、教士們會被驅逐……？也許沒有人會想到。……」[35]但是這都是呈現於人們面前的活生生的現實。基於這樣的生存狀態，基督徒們必須重新審視自己的信仰，必須從神學上對於現實向我們提出的所有問題和挑戰給予應答。這樣才能走出變化給基督教世界帶來的生存危機。

　　從另一個角度來看，革命基督徒們以他們的實踐也向神學提出了問題和挑戰。為拉美人民所遭受的沉重苦難所打動，為拉美人民激昂的革命熱情所感染，許多基督徒們紛紛拋棄了原有的生活方式，加入到解放者的行列之中。在這一投身革命的過程中，促使他們做出如此選擇的更有來自信仰方面的因素。他們之所以加入被壓迫者、被剝削者們的解放事業，是因為他們堅信，眼前這一非正義的、異化的社會與福音的要求絕對無法相容；是因為他們異常強烈地感到：不投身解放的事業，就不可能成為真正意義上的基督徒。但是對於歷史的解放

事業與對上帝的信仰之間、人們在歷史中創建
正義社會的實踐和人們的信仰生活之間的這種
關聯，基督徒們或者僅僅是在直覺中有所感
悟，或者仍然處於痛苦的摸索之中。探索二者
之間更爲深刻、更爲豐富的關係就成爲了神學
的使命。在這個意義上，我們說拉美基督教的
激進化帶來的絕不是神學的衰落，而是神學的
新生，在歷史中的新的存在狀態賦予了神學以
新的主題。神學應當直接面對基督徒們的信仰
實踐，在對信徒們的實踐活動的批判性反思
中，深化更新對信仰的理解。

　　具體來講，在解放的主題之下，神學所必
須面對的問題主要有以下幾個層面：最爲基本
也最爲緊迫的問題是：爲何只有在解放鬥爭
中，才能實踐信仰？同時在信徒們的反非正
義、反異化的鬥爭生活中，信仰究竟具有怎樣
的意義？或者說，人們在歷史中創建正義社會
的努力與上帝之國之間究竟有著怎樣的關聯？
在 60 、 70 年代的拉美，也有許多基督徒認
爲，在革命基督徒身上，實際地發生著信仰生

活與革命實踐之間的不可彌合的兩極，因為他
們把上帝之國與社會革命相混同。其實做出這
種譴責只能反映他們對於所謂的純粹的「宗
教生活」的迷戀，對於拉美人民解放運動的懼
怕，他們沒有直接面對問題本身。神學要保持
其永恆的生命力，就必須對革命基督徒的信仰
生活所提出的這一問題，做出直接的應答。

　　在從神學上做出應答的過程中，重要的不
是給出一套嶄新的神學框架，而是要能充實豐
富革命基督徒們的靈性（spirituality）生活。在
投身解放事業的基督徒們身上都存在著靈性生
活的危機。他們一方面要淨化以往的靈性生
活，放棄以前的那種墨守成規的、逃避現實的
祈禱生活；另一方面又沒有建立起自己的「沉
思生活」（contemplative life）。因而處於缺乏
靈性生活的狀態。可以說，對靈性生活的渴望
是蘊含於人民解放實踐之中的又一尖銳問題。

　　而要想真正地充實人民的靈性生活，神學
又必須與拉美的現實直接面對。革命基督徒們
之所以會厭倦、放棄傳統的祈禱生活，就在於

它著力於營造所謂純粹的宗教生活，不敢面對現實中的種種問題。而是在社會現實之中的這些問題促使著基督徒們走出寺院，走進人民的生活。在關注拉美現實的過程中，神學首先必須認真對待的就是這樣的現實：拉美的生活世界是充滿著深刻對立的世界。與傳統的神學語言所描繪的永久和平的畫面相反，現實的拉美社會充滿著對立、衝突、鬥爭，並因而處於不斷地變革之中。於是如何理解拉美的社會現實，並在這一階級對立的現實社會中，在尖銳的階級鬥爭中體悟上帝的存在，成為神學走向新生過程之中的又一問題。與此問題息息相關的是另外一個困擾著整個基督教世界的問題，即如何看待神學的語言與其他社會科學的語言之間的關係問題。在此關係中，最為突出的是神學與馬克思主義之間的關係，因為馬克思主義在認識現實方面有著最為深遠的影響。

　　神學要達到對於社會現實的把握，就必須認真對待其他的社會科學在認識現實方面的努力。問題是，神學在與這些社會科學的關聯中

如何才能達到對於基督教的來世論價值的恢復
和更新？

如果說，以上的這些問題都直接來自於基
督徒的革命實踐的話，那麼以下的這些問題則
更多的是處於激進化進程之中拉美教會向神學
所提出的。從總體上看，拉美教會所面臨的是
如何對自身重新定位的問題。在拉美這塊極端
貧窮的大陸，壓迫、剝削、階級鬥爭都已發展
成爲觸目驚心的現實。身處於如此的社會現實
之中，拉美教會應選擇怎樣的生存狀態，才能
承擔起上帝賦予的使命？在給出具體的答案之
前，社會中日益明朗的階級分化首先迫使拉美
教會承認，它已不可能再繼續傳統的存在方
式，在這樣的一個政治社會裡，不可能有所謂
純粹的精神生活，純淨的宗教生活在對立的階
級之間，它必須做出明確的選擇。於是，在壓
迫者與被壓迫者之間，拉美教會必須進行重新
選擇。拉美教會的激進化向我們表明，它傾向
於選擇後者、放棄前者，這意味著教會在基本
立場上發生了根本性的轉變，因爲教會以往的

存在實際上是對前者的默認和肯定。為這根本
性的轉變所要求，教會在宣講福音、傳達聖言
的方式上，在實踐其信仰的具體環節上都必須
經歷深刻的變革，而所有這些都是擺在神學面
前的課題。

　　由教會立場轉變所直接引發的是有關教會
的社會影響問題。一旦教會選擇了窮人的解放
事業，它就必然地要把這一選擇落實成對於既
存社會制度的譴責和對於人民變革現實的努力
的支持。但是教會在這些方面的努力是否會使
它成為將來的新的社會制度的維持者，而失卻
了其本應具有的對於歷史中一切具體社會形態
的超越性？這不僅是保守基督徒們的憂慮，也
應引起革命基督徒們的思考。就目前教會所處
的情勢而言，它只能選擇充分發揮其社會影響
來支持人民的解放事業，否則它就必然會淪落
為現存非正義社會的辯護者。但是神學應當不
斷提醒人們，教會選擇支持窮人，並不是為了
某一更加正義的社會制度的確立，它以人的根
本解放為宗旨。

在教會支持窮人事業的過程中，另一日益
尖銳的問題是教會的內部分裂問題。在這樣一
個兩極分化的政治社會中，教會中也不可能是
完全一致的聲音。在一批又一批的基督徒投身
解放事業的同時，大部分教徒仍以各種各樣的
方式與既存社會秩序關聯著。更為甚者，當一
些革命基督徒由於參與革命而慘遭壓制和迫害
時，那些壓制者和迫害者們往往是同樣的基督
徒。可以說，隨著激進化進程的展開，拉美教
會內部出現了日益明顯的兩極對立：支持解放
事業的革命基督徒對立於支持現存制度的保守
基督徒。在這樣的歷史現實面前，究竟如何理
解教會作為基督徒的共同體所本應具有的統一
與一致？神學必須對這一問題加以沉思。

換一個角度來說，所有這些問題又都是拉
美教會在以「富人的教會」的「窮人的教會」
再向「貧窮的教會」轉變的過程中所遇到的問
題。拉美教會生長在拉美大陸這塊貧窮的土地
之上，但由於它一開始就是從殖民者的宗教的
面目出現的，因而在歷史上，它一直以富有的

教會或富人的教會的形象出現。直到在日益尖
銳的階級鬥爭中，窮人的聲音一再響起，它才
被迫反思自己本應具有的形象。於是「貧窮的
教會」成為拉美教會對自身的基本定位。但是
究竟如何理解「貧窮的教會」所包括的豐富
內涵，還有待神學的進一步反思。

　　總之，在拉美的基督徒世界中，神學必須
面對這些問題和挑戰，在對這些問題的批判反
思中獲得新生。如果說傳統的拉美社會是西方
發達社會的附屬的話，那麼作為拉美社會的精
神支柱，傳統的拉美基督教也天生地附屬於西
方的基督教會。拉美的基督教世界要走出自己
的道路、真正成為拉美人民的精神力量，就必
須面對自己在前進道路中遇到的這些問題。在
對這些問題的應答中深化、豐富對上帝之音的
理解。只有這樣，拉美的教會才能在建設普遍
的教會（the universal church）事業中做出自
己的貢獻，拉美的基督教神學才能在人類歷史
中留下深遠的影響。

註 釋

[1]*A Theology of Liberation*, p.56.

[2]*The Church and the World Today*, p.69.

[3]*Closing Statement of the Thirty-sixth Peruvian Episcopal Conference*, 1969.

[4]"Peace", no. 16, in Medellin.

[5] 同註 4 。

[6]"Continent of Violence" in *Between Honesty and Hope*, p.84.

[7]"Peace", no. 14, in Medellin.

[8]"Brazilian Realities and the Church", in *Between Honesty and Hope*, p.138.

[9]"Presence of the Church in Latin American Developrnent" in *Between Honesty and Hope*, p.21.

[10]"Continent of Violence" in *Between Honesty and Hope*, p.83.

[11]"Education", no. 8, in Medellin.

[12]"Justice" no.3, in Medellin.

[13] 轉引自 *Between Honesty and Hope*, p.223.

[14] 轉引自 *A Theology of Liberation*, p.110.

[15] 轉引自 *A Theology of Liberation*, p.111.

[16]"Underdevelopment in Colombia", in *Between Honesty*

and Hope, p.90.

[17]轉引自 *A Theology of Liberation*, p.113.

[18]《普韋布拉會議文獻》, p.1137.

[19]*A Theology of Liberation*, p.117.

[20]"Peace" no.20, in Medellin.

[21]轉引自 *A Theology of Liberation*, p.114.

[22]轉引自 *A Theology of Liberation*, p.115.

[23]"Letter to People's of the Third World", in *Between Honesty and Hope*.

[24]同註21。

[25]*A Theology of Liberation*, p.116.

[26]轉引自 *A Theology of Liberation*, p.116.

[27]轉引自 *A Theology of Liberation*, p.117.

[28]"Poverty", no.9, in Medellin.

[29]*A Theology of Liberation*, p.117.

[30]"Church in Bolivia", in *Between Honesty and Hope*, p.142.

[31]"Lay Critique", in *Between Honesty and Hope*, p.22.

[32]轉引自 *A Theology of Liberation*, p.118.

[33]《普韋布拉會議文獻》, p.1160.

[34]*The Rockefeller Report on the Americas*, p.31.

[35]轉引自 *A Theology of Liberation*, pp.133-134.

第三章
解放神學的理論

　　歷史顯示，拉美的極端貧窮終於在60、70年代激發起了席捲整個大陸的革命風潮。這場革命風潮在有力地衝擊著拉美的基督教世界，教會的生活因之發生了翻天覆地的變化。正是在這場深刻的變革之中誕生了解放神學。1971年，秘魯的革命基督徒古斯塔夫·古鐵雷斯（Gustave Gutierrez）出版了《解放神學—展望》，標誌著解放神學的誕生。從此在拉美的基督教神學中，解放神學一直是一支最受矚目的生力軍。

第一節　解放的主題

　　在拉美基督教的激進化潮流中，解放神學之所以能夠誕生並發展為人民解放事業的主要促動力，是因為她深深地植根於人民的生活實踐、信徒的信仰實踐。人民解放運動的蓬勃興起，把拉美的歷史拉進了解放的主題。在解放的主題之下，人們的信仰生活獲得了明確的政治規定性。在這樣的歷史條件之下，解放神學的革命性就在於，它自覺地衝破了所謂「沉思生活」（contemplative life）的狹隘，把真實生活納入神學的視野，開始面對被政治化了的信仰生活。在對現實生活的關注中，她又拋棄了以往泛泛而論的作風，力求沉入到現實生活的最底層。在此基礎上去回應現實生活的種種挑戰，去體會上帝在歷史中的存在。這樣，它就把解放內化為自己的主題，開始了解放神學的道路：在解放人民的事業中實踐和體會對上帝

的信仰。

（一）解放神學的問題

古斯塔夫‧古鐵雷斯在《解放神學》中，明確地把解放神學界定爲「依據聖言，對於基督教實踐的批判的反思」。[1]這樣的界定就標明了解放神學的核心問題：信仰與現實的關係問題。信仰與現實的關係問題貫穿著神學的歷史，或者說，信仰與現實之間的張力是基督教世界的永恆事實，因爲我們永遠只能在社會現實的維度上實踐對上帝的信仰。奧古斯丁在《上帝之城》中，就對此展開了深入的探討。他一直致力於把握其所處時代的主要徵候，明確時代對基督教共同體所提出的挑戰和要求，在此過程之中去理解福音、理解信仰。從此問題出發，又可以推導出更爲具體的教會與社會的關係問題、教會與世界的關係問題等等。作爲神學的永恆主題，它在不同的歷史條件之下，又有著不同的表現形態。用古斯塔夫‧古鐵雷斯的語言來表述，在解放神學中，它就被

具體化為「救贖和人的解放的歷史過程之間的
關係。」[2]問題之所以被轉化為如此尖銳的形
式，帶有如此鮮明的政治色彩，是因為人們的
社會實踐已獲得了充分的發展。作為充分發展
的結果，其內在的政治規定性已得到了全面的
展開。拉美獨特的歷史環境又使這一發展採取
了更加極端的形式。

　　在全世界的範圍內，由於歷史上幾次社會
大革命的推動，現代人在社會實踐上已走向成
熟。這具體呈現在法國大革命、俄國十月革命
等具有里程碑意義的歷史事件中，人民已經開
始了奪取政治抉擇權的努力。在此之前，民眾
中的大多數都是被排斥在政治決策之外的，他
們只是少數決策者們利用和支配的對象。隨著
對政治決策的關心和參與，現代人逐漸地自覺
到了自己的歷史主體地位，開始在改造社會的
實踐中實現對自身命運的把握。如果我們用
「政治化」（politicalization）來表述這一發展過程
的話，那麼在60、70年代的拉美大陸，人們
就會發現政治化的進程正在飛速地擴展、加

深。拉美人民在反剝削、反壓迫的解放鬥爭
中，明確地承擔起了自身的政治責任。

由於社會實踐的政治化，在現代人的歷史
意識中，政治就不再是人的存在的一個特定的
領域，與經濟、文化等相並列；相反，它已經
表明自己為人的存在的一個內在取向。作為對
共同體（polis）的建設，政治是包含著並且規
範著人的所有活動的一環。只有在政治的環境
中，人才能實現在歷史中獲得的自由，才能擁
有自我實現的可能。在這樣的語言環境中，政
治可以被更精確地理解為「朝向權力的邁
進」。[3]馬克思、韋伯指出，對於權力的指向
是政治行為的典型特徵，它植根於人們對把握
自己命運、主宰自己生活的渴望。這樣，政治
的領域就擴展到了人的存在的各個方面，具有
了無所不包的普遍性。歷史中的每一存在都有
著政治的規定性；在政治的領域之外，無物存
在。

現代人的社會實踐不僅具有著普遍的政治
規定性，而且正處於日益加劇的激進化進程之

中。席捲了整個第三世界的革命浪潮是最集中
的表現。第三世界的人民已不再對現存社會制
度抱有任何天真的幻想，因爲改良道路的失敗
已促使他們認識到，現存的資本主義制度是造
成種種罪惡現實的根本原因。要從根本上改變
現狀，改造資本主義條件下的現實，就只有走
社會革命的道路。這就是說，必須徹底取消現
存社會制度，在新型的生產關係之上，建立起
一個全新的正義的社會。於是，解放被殖民國
家、被剝削階級和被壓迫人民視爲時代的主
題。現代人在社會實踐中不僅獲得了自覺的主
體意識，他們在現存的特定歷史條件下，還明
確地選擇了解放的道路。

　　選擇了解放的道路，就意味著選擇了對立
和衝突。雖然人類的解放事業以實現真正的正
義、和平爲根本目標，但通往它的道路卻以對
立力量間的衝突和鬥爭爲內容。在拉美，此鬥
爭就圍繞著「壓迫─解放」的軸心展開。要實
現人的全面解放，就必須根除掉現實中所有妨
礙此事業的不利因素，這首先就意味著對現存

資本主義制度的徹底變革。如此的變革又必然
會引起現存秩序的維護者與受益者們的反對。
於是對立和衝突成爲不可避免的事實。雖然當
權者們不惜用一切手段來鎮壓人民的革命，但
他們又總在想盡辦法地維持一定範圍內的和
解。通過鼓吹和解即和平，來證明現存秩序的
合理性。事實上，在如此和解的外觀之下，掩
蓋著的是深刻的無序和非正義，是少數人對多
數人的壓迫，是少數人的富有和多數人的貧
窮。因此，爲了人的根本解放，現代人必須勇
敢地正視現實中的對立和衝突，在必要的政治
鬥爭中，實踐偉大的正義事業。

　　對於現代人的社會實踐的政治化以及政治
實踐的極端性和衝突性，傳統神學無力應對。
以往的神學在對社會實踐的關注中都沒有認識
到它的政治向度。它只是強調個人生活，重視
對個人美德的修養，卻把政治放逐到了較低的
層次，視之爲難以捉摸的「公共利益」的領
域。因此，傳統神學對於社會現實，往往只停
留在泛泛之論，無法深入其中。於是，傳統

神學對福音的解讀也具有很大的片面性。它僅
僅抓住了其中有關個人生活、強調和解的方
面，卻無法解讀出福音的有關政治和衝突的內
容。這樣，理解現代人的政治實踐的獨創性與
具體性就成爲了現代神學的重大使命。

　　對於基督教神學而言，這一問題至關重
要。因爲它實際上是如何重新審視基督教生
活，在現代社會中如何理解基督教信仰的問
題。雖然傳統神學從來沒有注意到社會存在的
政治規定性，但教會在歷史中的存在卻從來就
有著政治的考量。如果說以往的歷史環境還沒
有使教會存在的這一規定性凸顯出來的話，那
麼在現今的歷史條件下，它卻成爲了亟待正視
的現實。可以說，抽去了政治的因素，我們既
無法想像也無法進行教會的生活。在這個意義
上，社會實踐再也不僅僅是道德的責任，或對
教會自身利益的維護。它是人的存在的基本條
件之一。社會實踐成爲信徒們展開人生、實踐
信仰的唯一場所。人民的解放事業不再是與信
仰毫無關聯的世俗事務，相反解放人類既是基

督徒的根本義務，又是他們領受上帝恩賜的最
佳方式。在歷史面前，現代基督徒只有兩種選
擇：求解放或反解放；只有兩種生存方式：革
命者或反革命者。

存在主義大師卡繆（Camus）曾指出，所
有人都必須面對最爲終極的生存問題：「活著
是否值得？」[4]對於基督徒來說，由於其全部
人生要在人與上帝之間的關係中展開，此生存
的終極問題就被自然地轉化爲「做一個基督徒
究竟意味著什麼？」[5]和「在未來尚未確定的
情況下，教會又意味著什麼？」[6] 落實到現代
基督徒，根基於其信仰實踐就是解放實踐的基
本事實，此人生的終極問題又被進一步地明確
爲信仰與解放的關係問題。解放神學站在歷史
的高度，自覺地以此爲軸心，展開了解讀人的
生活真諦的過程。

（二）解放神學與解放實踐

解放神學圍繞著信仰與現實的關係，沉思
救贖對於人的解放的歷史過程的意義。這實際

上是開創了神學與社會實踐之間的一種全新的
關係，即解放神學是對解放實踐的批判的反
思。

　　前文已經提到，信仰與現實的關係問題是
神學的永恆問題。在基督教史上，傳統神學對
此有兩種基本解決方式：或者抹殺社會現實自
身的自律性（參見有關基督教世界的思想），
或者主張教會世界與世俗世界之間的劃分
（參見有關新基督教世界的思想）。在這兩種
解決方式之中，神學都無法以社會現實爲直接
認識對象。根據有關基督教世界的思想，除了
涉及到教會自身的直接利益之外，其他所有有
關世俗世界的事務都被排除在教會生活之外。
作爲證據，歷史上有對於義大利天主教徒參與
政治事務的禁令（Non possumus）。自16世紀
以來，新基督教世界的思想逐漸產生了影響。
與基督教世界的思想不同，它明白地承認了世
俗世界自身的價值，開始了從信仰的角度來審
視現實生活的努力。但實際上，它卻只能停留
於對現實生活的遙遙相望。它只是在上帝之國

的最終實現中，才能理解教會與世界間的分而不離的關係，實際的信仰生活仍然被限制在純粹的靈性生活的範圍之內。人們在社會歷史中的實踐活動並沒有被直接地理解為信仰實踐。可以說，無論傳統神學是承認還是否定社會歷史自身存在的價值，它都在試圖抽身於社會現實生活之外，在所謂的純粹精神世界中，尋求對信仰真諦的理解。

　　現代歷史把解放神學推上了舞臺。解放神學跳出了傳統神學為自己所設的圍牆，直接地把眼光投射到如火如荼的人民解放運動之上。幾乎所有的解放神學家都有著與人民共求解放的生活經驗、信仰體驗。這一切都在向我們表明，解放實踐其實就是基督徒的信仰實踐。如果說，與上帝的通融本身就意味著基督教的生活以服務他人為中心的話，那麼服務他人的精神在人們的解放實踐中就得到了最好的表達。現代人社會實踐的政治化和政治實踐的極端性、衝突性決定了解放實踐在基督教生活中的根本地位。

　　神學作爲對信仰的理解，實際上是內在於信仰實踐之中的。它對於任一真正完善的信仰生活，任一基督教共同體都是必不可少的。這就如同任何社會實踐活動都內在地包含有意識的層面一樣。在這個意義上，神學的反思是信仰實踐的構成因素之一。但相對於準確而嚴格意義上的神學而言，這種反思還僅僅停留於對信仰的前理解的水平，還有待進一步地被昇華爲對信仰實踐的批判的反思。唯有如此，神學才能肩負起理解信仰、豐富信仰、完善信仰的使命。這就如同關於實踐的理論是對實踐意識的提煉和昇華一樣。所以說，嚴格意義上的解放神學是「依據聖言，對基督教實踐的批判的反思」。[7]

　　解放神學作爲對解放實踐的批判的反思，只能是第二步的。人民的解放實踐是第一位的，是解放神學大廈的基石。當人們的信仰實踐被落實爲解放實踐時，神學就無法再遵循以前的老路：不能再沉醉於對經典文本的玄思冥想，在此基礎之上去構建神學的體系，並進一

步把如此構建出來的神學理論作爲實際行動的依據。它必須承認，只有在求解放的具體過程之中，我們才能接受聖靈的引導，體會聖言的精微。正如哲學的智慧在面對著不斷湧動著的生命之流時，不得不慨嘆：「理論是灰色的，生命之樹常青。……密涅瓦的貓頭鷹只有在黃昏時才能起飛。」[8]在這裡，解放實踐的範圍已遠遠超出了發生在教會院牆之內的一切，雖然教會的生活一直是神學關注的主要對象。只有把教會生活放到世界歷史的背景之下，放在世界人民求解放的整體潮流之中，解放神學才能把握住它的全部意義。換句話說，基督教信仰要想真正地立足於現代世界，在現代世界中煥發出旺盛的生命力，就必須向世界開放。神學只有在對來自現代世界的種種挑戰的積極應對中，才能得到不斷地豐富和發展。

　　另一方面，此起飛於黃昏時分的思想又絕非在宣告著生命的終結。如果說，黑格爾哲學的出場宣告了歷史的終結的話，那麼解放神學之進入歷史舞臺則有著另外的意義。在黑格爾

的哲學中，存在已發展至最高階段，進入到最後的環節；解放神學卻爲基督教信仰和人類歷史都注入了新的生命。之所以這樣說，是因爲首先，解放神學在防止和克服各種各樣的宗教異化方面有著不可替代的作用。其次，更爲重要的是它在解讀人們的解放實踐的過程中，發揮著重要的預言功能。在根本的意義上，解放神學和解放實踐處於神學的詮釋學循環之中。在此循環往復的過程中，它推動著人民的解放事業不斷向前發展，推動著上帝之國不斷在歷史中實現。

　　在基督教的歷史上，各種各樣的宗教異化長期不絕。正如自人類社會形成以來，各種各樣的社會異化現像長存於社會生活之中一樣。概括地說，宗教異化大致有以下兩種極端的形式：對特定的社會秩序、教會秩序的盲目崇拜和輕視一切的自我迷戀。對於這兩種異化，作爲批判的反思的神學都有著獨特的防止和消解的作用。就前一種來說，在特定的歷史條件下人們很容易流露出把某些暫時的、歷史性的東

西永恆化的傾向。歷史中教會制度本身的缺陷
以及各種形式的意識形態又都在有意、無意地
加劇著這一傾向。於是，在通往上帝之國的無
限征途中，人們往往會陷入止步不前的境地。
神學的批判的反思恰恰能幫助我們突破這一狀
態。與意識形態的作用相反，神學讓我們再一
次地接受聖靈的引導。借助於聖靈之光，我們
不僅可以認清自己在通往上帝之國征途中的位
置，而且也獲得了對未來的無限希望。對於後
一種形式的異化，神學的反思往往能把我們日
常流露出的自我迷戀的傾向消解殆盡。在解放
神學的視野中，我們在歷史中的所有作為都是
邁向上帝之國的努力，它的最終意義在於上帝
之國的實現。就這樣，解放神學在歷史中一直
在實踐著解放的功能。她在解放各種各樣宗教
異化的過程中，煥發著無窮的生命力。

　　除此之外，歷史中的解放神學還有著更加
積極的作為。身為第二位的神學的反思在實踐
中又確實地發揮著重要的預言功能。與傳統哲
學一樣，解放神學專注於事物的真實意義。只

是對於事物的真意，解放神學已有了全新的理
解。它不再是某種得到充分展示的精神，如黑
格爾哲學所堅持的那樣。解放神學傳達給我們
的是這樣的真理：人們在歷史中的所有作爲最
終都指向著上帝之國，指向著上帝的意志和規
劃；歷史中的現實在其最爲深層的向度中已經
蘊含著未來；希望是現在的一個內在組成部
分。解放神學作爲對解放實踐的真意的解讀，
必然是面向未來的，她爲我們的努力標明了方
向。在這個意義上，我們可以說，「神學的未
來就是成爲關於未來的神學。」[9]

　　解放神學作爲關於未來的神學，就徹底地
告別了傳統哲學和傳統神學，進入了現代的語
境。以未來爲指向，也就是說解放神學的根本
目的不在於神學的反思自身，而在於改造現實
的實踐。與之相對照，無論是傳統哲學還是傳
統神學，卻都把智慧本身看作是終極一切的東
西，它們都沉醉於對理性、智慧的迷戀之中。
也正是因爲解放神學衝破了傳統神學的自我禁
錮、自我迷戀，她才成爲名副其實的解放的神

學（liberating theology）。在解放神學的指引
之下，人們在歷史中的解放實踐更加方向明
確、意志堅決；解放神學家們自己也成爲解放
事業的中堅力量，在推動著拉美的解放事業不
斷地深入發展。

　　實際上，也只有當解放神學家融入到現實
生活之中，投身進創建上帝之國的偉大事業之
中時，解放神學才能夠沉入到歷史的最底層。
只有這時，她才能把握住歷史之流跳動的脈
搏，預言出上帝之國的無比榮耀。這樣，解放
神學就引導我們進入了有關 「上帝之國的詮
釋學循環」。[10]解放神學在對人民解放事業的
批判反思中，向我們預言了上帝之國的遠景；
借助於神學的引導，人們創建上帝之國的事業
將更加生機勃勃；但對上帝之國的體會與解
讀，又只有在改造世界、完善世界的實踐之中
才能達到⋯⋯；這是永恆的 「關於福音的政
治詮釋學」（political hermeneutics of the
gospel）。[11]

第二節　信仰與解放

　　解放神學在反思信仰與解放的關係時，有一個必要的認識前提，那就是必須搞清楚解放在拉美大陸上的真實內涵。對此前文已有所涉及（分別在拉美的歷史與現狀和基督教世界對拉美現狀的認識兩個部分），古斯塔夫・古鐵雷斯有更明確的概括。首先，解放與發展相對，指被壓迫人民、被剝削階級的革命要求與實踐。著重強調經濟鬥爭、社會鬥爭和政治鬥爭的衝突性質。更進一步，解放還指正發生在全世界範圍內的一個事實，那就是人們正在逐漸地承擔起對自身命運的責任，成爲歷史的主體。在此過程中，人的存在的各個方面都得到了不斷的展開和解放，人不斷地獲得更大的自由。這整個過程指向的是在一個全新的社會中新人的生成。拉美人民所進行的經濟鬥爭、政治鬥爭和社會鬥爭都是在這樣的大環境中展開

的。正如梵二會議（the Second Vatican Council）
所宣稱的：「我們正在親身經歷著一種新的人
道主義的誕生。在其中，人首先由其對兄弟
（他人）對歷史的責任而得到規範。」[12]大批
的基督徒之所以投身解放事業，也正是因爲她
已超出了狹隘的經濟解放、政治解放和社會解
放的範圍，指向著新人的誕生。在基督教的視
野之中，這樣的解放具有著怎樣的意義？對上
帝的信仰又爲此解放事業賦予了什麼樣的新內
涵？所有這些問題就自然地擺在解放神學的面
前。解放神學在對這些挑戰的直接應對中，又
進一步地深化了解放的內涵。解放在最根本的
意義上是由耶穌基督帶來的。在耶穌基督那
裡，我們從罪惡中完全解放出來，罪惡乃世間
所有非正義的根源。在這個意義上，耶穌基督
帶來了所有人的全面解放，人們在歷史中所從
事的解放事業在耶穌基督之中獲得了完全的
意義。

　　從其對解放的這種解讀，我們不難看出解
放神學在理解信仰與解放的關係時所遵循的基

本思路。首先，基督徒必須在解放人類的事業
中實踐信仰。這不僅包括著政治解放的事業，
更重要的是它指向著人的重生；與此同時，人
類的解放事業在基督教的信仰中又得到了昇
華。它不僅被容納在上帝之國之中，更在後者
之中獲得了成功的根本保證。在對上帝的誠信
之中，人們可以滿懷希望、充滿信心地致力於
解放人類的事業，可以盡情地分享勝利的喜
樂。解放神學分別從基督救世學、人類學和末
世學三個向度對此展開了論述。

（一）解放與救贖

　　在解放神學著作中，很多解放神學家把信
仰與解放的關係直接地歸結爲救贖與解放的關
係。古斯塔夫・古鐵雷斯就把解放神學的軸心
問題進一步明確化爲救贖和人的解放的歷史過
程之間的關係。這之所以可行，是因爲「救贖
本身乃基督教奧秘的核心主題。」[13]把握住了
救贖與解放的關係，我們就能夠體會出人們的
解放鬥爭在基督徒視野中所蘊含的豐富意義。

所有這些又必須以我們對「救贖」本身的確切把握為前提。但基督教神學的歷史卻告訴我們，恰恰在「救贖」這個問題上，各種紛爭不斷，誤解百出。在現代的語境中，確定「救贖」的真實意義，是歷史擺在神學面前的一項艱巨而複雜的任務。解放神學與其他新神學一起在進行著各種努力。在這之中，解放神學的特色在於，她在反思上帝在歷史中的救世行為的意義基礎上，強調人的全面解放以「基督—解放者」為中心。在耶穌基督當中，人的全面得救才能實現；也正是在耶穌基督所帶來的完全救贖中，人們在歷史中的解放事業獲得了基督教的意義。

　　具體地說，解放神學不僅在量的規範性上，堅持上帝救贖意志的普遍性；在質的規範性上，她更加主張救贖的此世性。救贖不是發生在彼世的事件。上帝的恩寵被賜予每個人。人的生存在根本的意義上就是對上帝的接受和拒絕。對上帝的接受也就是對他人的關愛和容納，對上帝的拒絕也就是對他人的漠視和對

立。人們在對上帝和他人的關愛與容納中得到
救贖。在這個意義上，可以說救贖包容著人的
現實，改造著人的實在。在上帝的存在中，救
贖成為人的存在的基本精神之一。在耶穌基督
那裡，人的實在就得到了充分的發展。由於耶
穌基督所帶來的完全救贖，人之為人的所有意
義就得了充分實現。與此相關，罪惡也同樣地
是歷史中的實在。它是歷史中的個人性的或社
會性的現實，阻礙著人們在此世的充分發展與
實現。這樣，人們在歷史中的存在就具有了宗
教的意義。在絕對的救贖中，此世的生活獲得
了真正的意義和完全的自律。與此同時，救贖
也是歷史中的現實。上帝賜予我們的救贖在改
造著歷史，引導著歷史向著至真、至善、至美
的上帝之國邁進。所以，歷史只有一個，它以
救贖史為核心，是被「基督化了」的歷史。
解放神學從此基本立場出發，進一步地展開了
救贖與解放的關係。

1.歷史是個統一的過程（History is one）

　　歷史的唯一性在耶穌基督所帶來的完全救

贖中得到了充分的體現。但要進一步地展開它
所蘊含的豐富內容，我們還必須深入到另外兩
個重要的聖經主題：創世與救世的關係以及上
帝的末世學承諾和歷史之間的辯證關聯。

(1)創世與救世

　　在《聖經》中，創世與救世是兩個緊密關
聯的主題。但也正因爲它們同時並存，有關歷
史的二元論才長期不絕。在二元論的解讀中，
創世與救世之間或者有著時間上的先後關係
（先有創世，再有救世）；或者有著平行並列
的關係（創世發生在時空之中，救世卻發生在
人的內心生活之內）。於是歷史就被自然地一
分爲二：創世史與救世史。在這樣的語境中，
歷史的唯一性似乎成了不可理喻的荒謬。針對
如此的聖經詮釋，解放神學一針見血地指出，
思考創世與救世的關係，必須依托於「出埃
及」（Exodus）的歷史和解放經驗。否則，我們
的所有解讀都只能停留在對此兩個觀念進行簡
單並列的水平，根本無法體會它們二者在耶穌
基督的救贖事業中所具有的豐富意義。相反，

一旦我們立足於「出埃及」的歷史和解放經驗
之上，有關歷史的二元論就只能自行消解。

　　根據「出埃及」，我們首先可以把創世理
解爲上帝的第一次救贖行爲。在基督教信仰
中，創世觀念的存在並不是爲了解決世界起源
的問題。它的意義在於：啓示上帝的存在，啓
示作爲救贖者的上帝。因而創世並不是發生在
救世之前的一種行爲，它本身是救贖過程的一
部分。在上帝的創世行爲中，已暗含著「創
造人類爲其子」[14]的根本目的。更進一步地
說，創世行爲可以被視爲上帝的第一次救贖行
爲。它開啓了歷史，以後的救贖行爲不斷地出
現於歷史之中。

　　其次，在「出埃及」中，人的政治解放得
到了彰顯，並且被提升爲人的自我創生的過
程。上帝的創世過程和上帝解救以色列人出埃
及的過程合而爲一。或者說，後者有著隱喻的
意義。它以生動的歷史事件隱喻了上帝的創世
過程以及上帝在其中所遇到的阻力。[15]與此
同時，以色列的解放又是一個政治行爲過程。

它是對舊制度的破除和對新的正義社會的建
立。在此政治解放的過程中，上帝既是解放
者，又是創世者。因而以色列人的政治解放同
時具有著創世的意義。歷史中的這一政治解放
過程同時也是人的自我創生的過程。

最後，在「出埃及」中，通過耶穌基督所
帶來的完全救贖，人類獲得重生和充分實現，
上帝解放救以色列人出埃及的過程不僅僅是一
政治解放過程，它還有著深遠的宗教意義。出
埃及的以色列人不僅可以建立更加美好的社
會，而且被引導著走向最終的福祉，只有在最
終的福地那裡，所有的混亂和紛爭才能得以消
解和平息，永恆的正義、和平才能成為現實。
換句話說，出埃及的以色列人通過與上帝締結
聖約，成為了上帝的選民。聖約的締結和以色
列人被解放出埃及，二者共同規定著它的全面
意義。由於聖約的締結，末世學的向度被引進
出埃及的事件。在末世學向度之中，歷史的過
程是人類走向重生的過程，是人類從異化走向
解放的過程。由於出埃及，人類的歷史就獲得

了全新的意義。它不僅是上帝的造物，更加是上帝拯救人類於苦難之中的歷史，是人類走向自由的歷史。在其中，耶穌基督的救世行爲不僅僅是一個組成部分，且是它的最終完成。耶穌基督的救世行爲作爲所有存在物的基礎，是在創世的環境中進行的重生。通過它，造物的所有意義都得到了充分的實現。在這個意義上，創世和救世也首先有著基督學的意義：一切在基督中被創造，一切在基督中被救贖。

　　人作爲萬物之靈，在這整個過程中發揮了不可替代的作用。在上帝的召喚之下，人們積極參與到創建新社會的事業之中，用自己的努力繼續重生的過程。可以說，創世已被非神聖化了，成爲人的活動的領域。只有經過人的自我創生的中介，上帝賜予我們的重生才能成爲現實。但並非人的所有勞作都有著創生的意義。異化的勞動只能加劇世間的非正義；相反，只有那些指向著人類的共同解放的努力，才是人們在歷史中的自我創生。在今天，只有深處於壓迫之中的人民才是追求解放的真正力

量。

　　這樣，人們在歷史中求解放的努力就被融入了包容一切的救贖過程。它不再僅僅是人性化的過程、前福音化（pre-evangelization）的過程，而是救贖史的內在組成，與上帝的救贖事業融爲一體。

（2）末世學的承諾與歷史

　　與救贖相關聯，末世學的承諾是基督教信仰的另一核心主題。在出埃及的歷史事件中，通過聖約的締結，末世學的向度被引入了基督教的核心。可以說，《聖經》是本關於上帝的承諾（Promise）的書。這承諾既是對上帝之愛的啓示，又是上帝的自我傳達。作爲自我啓示和福音的統一體，它成爲《聖經》的核心，《聖經》的所有內容都圍繞著它展開。誠如阿爾伯特・蓋林（Albert Gelin）所言：「上帝的承諾潛存在整本《聖經》的背後，因爲它，《聖經》成爲一本關於希望的書。正如Peguy所說的那樣，這微弱的希望要比任何經驗都更加強大，它持存於所有的考驗之中，又增強於每

一次挫折之後。」[16]

我們要深入領會這一主題的精神，首先就
會踫到它與歷史的關係問題。就像要理解救
贖，我們首先必須把握救世與創世，救贖與人
們的解放事業之間的關係一樣。也正是在這個
關係中，有關歷史的二元論找到了所謂的依
據。正如在處理創世與救世的關係時，該理論
堅持先有創世再有救世，或二者分屬於物質與
精神領域一樣；在理解末世學的承諾時，它又
把它與歷史放進了時間上的先後關係（先有塵
世的歷史，最後才有末世學承諾在上帝之國的
最終兌現）或空間上的並列關係（二者並存，
但末世學承諾涉及的是人的精神家園，與塵世
中的歷史毫無關係）之中。與之相對立，解放
神學則依據「出埃及」的歷史和解放經驗，堅
持歷史的唯一性。解放神學認爲，末世學的承
諾在向人類啓示著關於上帝的真理，在召喚著
人類進入上帝之國。而人類的歷史實際上就是
對上帝承諾的不間斷、不確定的實現。在上帝
的承諾中，歷史獲得了末世學的向度。

　　首先，上帝的承諾是人們在對上帝的虔誠信仰中所領受的恩賜。亞伯拉罕在誠信中領受了上帝之約，被承諾他及其子孫將成爲「世界的後嗣」（the heirs of the world），[17] 從而成爲信徒之父。信徒們在對耶穌基督的誠信中受此承諾。因爲上帝的承諾在耶穌基督這位歷史與宇宙之主中得到了完成。在耶穌基督之中，我們成爲亞伯拉罕的後嗣，世界的繼承人。

　　其次，上帝的承諾要通過上帝在歷史中的一系列應許才能被展開、被實現。例如：舊約的締結、以色列王國的建立、舊約的失效、新約的締結以及關於上帝之國的一系列應許等等。只是上帝的承諾永遠不可能在這些應許及其兌現中完全實現。它將永遠超越它們、解釋它們、賦予它們以終極的意義。但在這些歷史的應許中，上帝的承諾卻得到了部分地宣布與實現。就這樣，上帝的承諾與歷史處於永遠的辯證關係之中。在耶穌基督的復活事件中，它得到了最爲充分的表達：「復活事件本身是對以前承諾的兌現，同時它又是對將來的期

盼」[18]；在其中，耶穌基督的事業「尚未完成，尚未結束」[19]；復活的基督「對於他本人來說，仍是尚未實現的將來。」[20]上帝的承諾得到了絕好的啟示：它在種種歷史事件之中已經得到實現，但尚未完成；它不斷地將自己投向將來，賦予歷史以永恆的流動性。歷史就在上帝的承諾中永遠指向將來。總之，在上帝的承諾與歷史的關係中永遠有著現在和將來兩個向度。在末世學中，這兩者的關係得到了充分的展開。

　　由於整本《聖經》以上帝的承諾為核心，關於上帝承諾的末世學（有關末日審判的言說）就成為理解基督教信仰的關鍵。《聖經》中的所有先知，都在歷史的不同時刻用不同的聲音言說著未來。但他們的言說已不再是純粹的占卜、算命，在他們的言說中，以色列人有關時間和歷史的觀念得到了末世學化（eschatologized）。這就是說，他們對未來的言說一方面面向著未來，強調未來與現在之間的非連續性，渴望全新的上帝救恩行動；另一方

面，它也在關注著現在。先知書中不僅有關於
上帝的最後救恩行動的福音，也有對不遠的將
來的預測。而且在切近的歷史中，先知書的這
些內容都不斷地得到了實現。但這並沒有排斥
上帝的最後救恩行動；恰恰相反，在現在之
中，已經孕育著未來，包含著最後的末日審
判。現在已是末世學意義上的現在，它是對未
來的開放。正是在現在和將來的這種永恆關係
之中，歷史中的現在才是有著無限豐富的意
義。

　　在此基礎之上，上帝的承諾與其在歷史中
的應許融爲一體。關於聖約，傳統神學中還盛
行著另外一種二元論的觀點，即舊約是對聖約
的物質化的理解，在它的精神內涵只有到新約
中才得到昭然。因此新約具有著比舊約更加優
越的地位。對此，解放神學敏銳地指出，在上
帝的承諾中存在著的不是物質與精神的緊張，
而是現在與將來的緊張。末世學的承諾要通過
歷史中的解放事件得到不斷地實現；與此同
時，這些歷史中的事件又都在承諾著更遠的將

來，期盼著上帝的末世救恩行動。值得注意的
是，現在與將來的這種合而爲一的關係絕非僅
僅有精神上的意義。現在是歷史的實在，而非
現在的精神生活；上帝之國是永恆和平之鄉，
但和平須以正義爲前提。正義之實現又必須落
實到社會制度。於是變革非正義的社會制度，
根除歷史中的剝削和壓迫成了題中應有之意。
上帝之國是實實在在的歷史過程。強調這些，
並不意味著把上帝之國等同爲歷史中的個別社
會實在。相反，在所有的社會實在之中都有著
末世學的向度，與上帝的全面相遇既標明著歷
史的終結，又內在地蘊含於歷史的全過程。

2.基督與全面解放

解放神學論述至此，有一點已經明確，即
耶穌基督帶來的救贖既是對全體人類的救贖，
又是對人的全面解放和救贖。因此人們爲創建
正義社會而進行的鬥爭是救贖史的內在組成部
分。但另一方面，人的全面解放又只有在上帝
之國才能最終實現。那麼，這最後的全面解放
與人們在歷史的解放事業中所取得的階段性成

果之間究竟是何關係？用神學的語言說，塵世
中的進步與上帝之國的進展之間究竟關係如
何？這在基督教界卻一直是爭論不休的問題。
它被確定為一次又一次主教會議的議題。

在這個問題上，主教會議總是在前進與後
退間循環往復。既有像Schema 13[21]這樣的激
進文獻，其中明確地採用了「唯一的歷史」的
方法，反對自然秩序與超自然秩序之間的二
分。它強調人的使命的內在一致性，強調救贖
包含人的總體。在此基礎上，教會的定位也發
生了變化，教會必須關注人所遇到的所有問
題。基督教的生活是內在一致的，人的所有活
動都因聖靈而得到規定，它們最終都指向著上
帝之國。在根本上，塵世史與上帝之國史相互
一致。也有像Graudium at spes, no.39 [22]這樣的
文獻，它標明著主教會議的明顯退步，從強調
塵世史與上帝之國史的內在一致退而強調二者
的分離。主張二者之間是種相關但不同一的關
係。及至Populorum progressio [23]，主教會議就
又重新提出了這樣的觀念：從世俗史進入到上

帝之國，絕非從自然秩序進入到所謂的超自然
秩序。上帝之國在最終的意義上只意味著人的
至福。

　　從神學的角度看，所有這些爭論關涉的都
是人類如何在歷史中繼續上帝的創世事業的問
題。追本溯源，就是創世與救世的關係問題。
解放神學對此的基本立場是：只有通過人們的
政治解放，塵世中的進步才能與上帝之國的進
展合而為一；只有在耶穌基督所帶來的全面解
放之中，創世與救世才達到真正的同一。

　　首先，政治解放是必要的一環。

　　人們在塵世中所取得的種種進步，要融進
上帝之國的事業，人們在歷史中的行為首先必
須是對上帝創世事業的持續，具有自我創生的
意義。這就要求人的勞動本身必須擺脫種種異
化的規範性。很難想像歷史上的那些極端殘酷
的經濟剝削、政治壓迫、社會歧視是對上帝事
業的某種繼承。相對於和平、正義、永恆的上
帝之國，歷史中進步不能被抽象地等同為人對
自然的統治的加強。它必須圍繞著非正義與正

義、壓迫與解放的軸心展開。以此爲軸心，政治解放的形式就獲得了關鍵性的地位。面對著社會制度的罪惡，只有旨在根本改變社會制度的政治解放才能使人擺脫罪惡的糾纏，克服異化的存在。可以說，政治解放具有著超出政治範圍的意義。它在根本上是對人的救贖，使人在對罪惡的解放中獲得重生。在其中，創世與救世結爲了一體。通過政治解放，塵世的進步也成了上帝之國的生成史，人的努力被納入了上帝之國的事業。

其次，耶穌基督的救恩行動是人們獲得全面解放的根本保證。

一旦我們進入了政治解放的視野，有關罪惡的問題也就獲得了全新的意義。罪惡不再是某種偶發事件，人們對於歷史中的現實罪惡亦負有難推之責。罪惡也不是某種精神領域內的獨特體驗，它是社會歷史中實存著的現實。面對歷史上的種種現實，我們有時也不得不承認，罪惡在社會歷史的發展過程中也不失爲一種力量。所有這些都在揭示著罪惡本身的雙重

意義：它既有在社會歷史中的種種現實表現形
態，同時也是導致所有非正義現象的根本。與
之相關聯，針對著罪惡的解放也有著難分的兩
維。在根本的意義上，只有耶穌基督帶來的解
放才是對罪惡的真正勝利。在耶穌基督的遇難
和復活之中，我們經歷了從背離上帝到重歸上
帝的轉變。正是由於這樣的轉變，罪惡才從我
們的生命中退卻。在這個意義上，上帝之國絕
對不能被化減爲塵世中的一些進步。它在根本
上是上帝對我們的恩賜，同時它又是塵世中一
切進步的初始前提。但這唯一的歷史又是由人
類自己寫就的。沒有人們在歷史上的一次次反
抗、鬥爭，一回回流血、犧牲，人類就不可能
真實地擺脫罪惡的糾纏。人類在歷史中的一次
次解放實踐都針對著根本性的罪惡，指向著最
終的解放。但歷史朝向上帝之國的不斷進展並
不就是上帝之國的來臨，後者只能由耶穌基督
帶來。或者說，耶穌基督所帶來的救贖具有不
可比擬的徹底性和總體性。人類歷史中的所有
解放都在其涵蓋之下，但又都無法達到它的程

度。耶穌基督的救贖是人類歷史的核心，是人
的全面解放的根本保證。

（二）在歷史中與上帝相遇

在前文中，解放神學圍繞著解放和救贖的
關係，透徹地闡發了拉美人民解放事業的救世
學意義。但對於每一個投身革命的基督徒來
說，如此的選擇還有著更加「人性化」的意
義。那就是，在解放人類的事業中，我們與上
帝直面相遇！在爲正義社會而進行的鬥爭中，
我們與上帝相通相融！也正是在如此的信仰體
驗中，革命基督徒的靈性生活才獲得了不竭的
源泉。根基於此，解放神學對關於上帝的啓示
進行了「人類學」的解讀。

人們與上帝相遇的方式是由上帝在歷史中
在場的形式所決定的。對上帝在歷史中的在
場，《聖經》中有著各種言說。縱觀這種種說
法，解放神學認爲，它有著一個逐漸普遍化和
內在化的發展過程，這整個過程在耶穌基督身
上就得到了最終的完成。從山峰、帳蓬到方

舟、天宇，上帝的存在不斷地滲透進整個人類歷史。在耶穌基督之中，上帝最終人化爲血肉之軀。從此，上帝不再外在於人類的生活之外，人的身體就是上帝的廟宇（temple）。上帝通過聖靈，寓居於人的身體之中。這樣，上帝的存在就不再是某種個別性、或區域性的事實，所有誠信之人無不處於上帝之中。上帝是人的存在的內在形式，在上帝之中，人的存在的各個方面得到了通融，人成爲渾然一體的存在。既然人本身是上帝的廟宇，那麼人就在與他人的相知相遇中，與上帝相通；在人類的歷史征途中，與上帝相融。用神學的語言，人們在轉向鄰人的過程中與基督、上帝相遇。解放神學進一步明確地指出，轉向鄰人是福音的真精神；轉向鄰人是解放的靈性。

1.轉向鄰人：福音的真精神

　　上帝和鄰人之間的密切關聯是貫穿《聖經》始終的一條清晰線索。《聖經》中的上帝以與鄰人的切近關係爲特徵。藐視鄰舍（箴言 14：21）、剝削貧賤工人、拖欠工人工資

都是對上帝的冒犯：「困苦窮乏的雇工，無論
是你的弟兄，或者是在你城裡寄居的，你不可
欺負他。要當日給他工價，不可等到日落；因
爲他窮苦把心放在工價上，恐怕他因你求告耶
和華，罪便歸你了。」（申命記 24：14-15）
相反地，認知上帝、愛上帝則意味著對他人行
公義。因爲上帝通過聖靈寓居於人之中，除卻
了人與人之間的正義關係，無從談起上帝的在
場，更無從談起與上帝的相遇。這樣，上帝在
歷史中的在場就具有了積極的意義。它意味著
對種種非正義現實的破除，意味著對異邦人、
孤兒、寡婦等受壓迫者的解放。只有在行公義
的願望和實踐中，我們才能進入永恆的和平之
鄉。相反，供奉於祭臺上的萬千祭品，心中不
斷重複的無數次祈禱都無法幫助我們達至上
帝。上帝聆聽的是人們對正義的熱切嚮往，而
非蒼白無力的祈禱。在此基礎上，解放神學進
一步強調，「上帝和鄰人之間這種密切關係
在聖言道成肉身的事件中得到了實質性地變
革、深化和普遍化。」[24]因爲，基督就在鄰人

之中。

　　基督和鄰人的同一關係在〈馬太福音〉中
得到了最好的闡述。〈馬太福音〉圍繞著末日
審判事件，對基督和鄰人間的關係加以充分展
開，傳達了福音的實質精神。但對於它所傳達
的精神，不同的《聖經》解釋者卻有著不同的
解讀。解放神學依據人們在歷史中與上帝相遇
的信仰體驗，明確指出，〈馬太福音〉在這裡
所描述的末日審判，是指針對著所有的人，根
據他們對待困苦的鄰人的態度而做出的審判，
因為基督就在這些困苦的鄰人之中。聖言道成
肉身，成為人子。人子就存活於困苦的鄰人之
中。這樣，在耶穌基督身上，人作為上帝的廟
宇的意義就得到了進一步地啟示。而且，此廟
宇絕非由孤立的個人所構成，它由在歷史中相
互關聯著的人們共同築成。人們在相互關係之
中創造著歷史，改造著自我。在最終的意義
上，人類歷史是上帝的真正廟宇，人們創造歷
史的解放事業是面對上帝的最佳場所。因此，
轉向鄰人是馬太福音的實質精神。具體來說主

要體現在以下幾個方面。

首先，與上帝和他人的融通是人生的終極意義。因為上帝就是愛，愛在此融通之中走向完滿。為達此境界，道路只有一條，那就是愛本身。在對上帝和他人的無限關愛的基礎上，人間的兄弟情誼才能建立，人之為人的意義才能實現。相反，對愛的拒斥則構成了罪惡，它不僅是對上帝的冒犯，也是對人的存在本身的拒斥。在最後的末日審判中，我們就憑對鄰人的主動關愛而接受上帝的裁決。

其次，愛只有落實到具體行動才有意義。脫離具體行動的信仰只能是貧乏而空洞的。換言之，認知上帝即行公義。「你們若知道他是公義的，就知道凡行公義之人都是他所生的。」（約翰一書2：29）而且，愛（charity）並非流離於人間之愛之外，或凌駕於人間之愛之上。它是寓於人身之中的聖愛。它不是強加於人間之愛之上的一種恩賜，而是聖愛的道成肉身。通過耶穌基督，上帝對人類的聖愛道成肉身為人間之愛—父母之愛、夫妻之愛、子女

之愛、朋友之愛，並引導其走向完滿。因為，
身為人子的耶穌，是用人的方式在關愛著人
類。在這裡，解放神學要強調的是，愛是來自
內心情感的驅動，而非由於某種外在的宗教義
務的壓力。那位撒瑪利亞人之所以會走近那位
受傷的路人，只因為他動了慈心。[25]

　　最後，人類是我們達至上帝的必要中介。

　　對上帝的愛不僅不能與對鄰人的愛相分
離，更要通過後者來實現。愛兄弟、愛鄰人、
愛所有人是愛上帝的必要前提。它在根本上就
是愛上帝，因為上帝在人之中。更確切地說，
道成肉身的上帝—耶穌基督在一個個活生生的
人之中。只有愛鄰人，我們才能與上帝相遇。
要強調的是，鄰人在這裡絕不僅僅是實現對上
帝之愛的工具。他自身即是目的，有完全的自
我存在的意義。對上帝的關係在對鄰人的關係
中實現，但這並沒有剝奪鄰人本身的實在性；
相反，它只是對我們對鄰人之愛的豐富和提
升。另外，對鄰人也不能做個人主義的理解。
鄰人都生活在特定的社會關係之中，是社會歷

史中人。因此，基督教引導我們關愛鄰人，絕
不是要建立一種孤立的關係。在現實性上，它
意味著對現存不合理制度的破除，因此它是一
種「政治的愛」（political love）。[26]

2. 轉向鄰人：解放的靈性（A Spirituality of Liberation）

關於末日審判的福音引導我們轉向鄰人。
在對鄰人的關愛之中，信徒們捨身投入解放的
事業。在血與火的考驗中，他們與上帝直接面
對面；在艱難困苦中，他們感受著上帝之國的
榮耀。所有這些，都是拉美革命基督徒的真切
的信仰體驗。它所蘊含的強大生命力不僅在震
撼著所謂的正統教義，使其背離福音的性質不
斷彰顯，而且也在呼喚著一種全新的實踐福音
精神的具體方式。換言之，它在孕育和呼喚著
一種新的靈性—解放的靈性。

對於革命基督徒來說，光有神學是遠遠不
夠的。對於解放人類的歷史事業，我們不僅要
理解它的基督教意義，比之更根本的，是在聖
靈的引導下投身其中。或者說，理解信仰的最

終意義還在於實踐信仰。靈性在其嚴格而深層的意義上，即是「聖靈的統轄」。[27]如果說「真理必叫你們得以自由」（約翰福音　8：32）的話，那麼聖靈將「引導你們明白一切的真理」。（約翰福音　11：13）在聖靈的引導下，我們終將走向自由。在與上帝和他人的融通之中獲得愛的絕對自由。在這個意義上，聖靈在引導著我們走向一條解放之路；靈性則是我們在聖靈的引導下實踐福音、追求解放的具體方式。脫離開充實的靈性生活，所有的神學語言都只能是蒼白無力的。

　　充實的靈性生活又緣自於信徒們在信仰實踐中的靈性體驗（spiritual experience）。在今天的拉美，革命基督徒的解放實踐就是取之不盡的靈性生活之源。革命基督徒在解放被壓迫人民的鬥爭中，不僅體現到了直接面對上帝時的喜樂；比之更直接的還有迷失上帝的茫然。在血雨腥風的洗禮中凸顯出來的似乎只有人間之愛。與此同時，至大無上的聖愛卻似乎從歷史中隱退了。面對著這樣的現實，聖靈如何引

導我們穿破重重迷霧達至上帝？在壓迫與解放
的永恆主題之下，我們怎樣才能敞開心扉，接
受聖靈之光？這些都是對解放的靈性的巨大挑
戰。解放的靈性就是依據這樣的靈性體驗，對
基督教生活中所有重大主題的重組。它在對這
些挑戰的積極回應中，不斷地豐富、充實。

　　作為解決這些問題的根本，解放的靈性仍
然圍繞著轉向鄰人的核心而展開。福音已向我
們啟示，轉向上帝即是轉向鄰人。在現實的歷
史中，聖靈又引導轉向被壓迫人民、被剝削階
級、被歧視種族和被殖民國家。這一根本性的
轉向是所有靈性生活得以展開的基石，在這之
中，我們自己獲得了根本性的改造。由於轉向
鄰人，我們與耶穌基督融為一體。在解放窮人
的鬥爭中，我們與身處於那些被剝削、被疏遠
的人群之中的基督一樣地思考、一樣地感受、
一樣地生活。

　　以此為核心，解放的靈性首先要求革命基
督徒要保持「靈性的天真」（spiritual child-
hood）。即徹底去除以前的種種異化特徵。轉

向鄰人就意味著對轉向前所有一切的告別。又因該轉向有著豐富的社會歷史內涵，這種告別就不可能在內心世界中得以完成。身為歷史中人的基督徒，其轉向必然要受到其所處的社會、經濟、政治、文化、人文環境的制約。只有在所有這些社會結構中的根本變革，才能保證我們與以前徹底告別，才能確保我們與苦難中的鄰人融為一體。解放神學家們指出，靈性的天真還遠沒有成為既定的現實。「在轉向鄰人、社會正義和歷史的領域中，基督徒們所做的還遠遠不夠。」[28]革命基督徒的事業才剛開始，通往未來的道路還有很長。

其次，在告別從前的前提下，解放的靈性還須為「無償之愛」（gratuitousness）所充滿。雖然我們無法在完全的被動之中接受上帝的恩賜，但與上帝和他人的融通，人的全面解放卻純然是上帝的恩賜。誠信的態度並非是換取恩賜的某種條件；相反，來自上帝的恩賜是絕對無條件的（gratuitous），上帝的無償恩賜又是我們個人和群體存在的基礎。有了它，我們的

生活才充滿了對主的感恩，有了它，我們才體悟到人間的相知相遇、相親相愛在根本上都是一種恩賜。因爲無償之愛是真愛之本。只有在無條件的條件下，才有真正的關愛。

來自上帝的無償之愛又深處於基督教的奧秘之中，我們永遠無法徹底理解，但它並非與人類歷史毫無關係。如前文所述，人類是達至上帝的中介，在對鄰人的關愛中，上帝的無償之愛把我們的所有外衣剝離殆盡，使我們在純粹的人性之愛中走向無私，並進而與上帝融爲一體。在解放人類的事業，我們爲無償之愛所充滿。

最後，所有這一切又構成了基督教的喜樂的源泉。基督教的喜樂源自於上帝的恩賜，同時它又體現在人們爲創建正義社會所進行的種種努力中。解放的靈性要求，喜樂應充滿我們的全部存在。在喜樂中，我們既期盼著上帝的恩賜，又在體察著現實生活中所發生的一切。這就是說，基督教的喜樂帶來的不是對現實鬥爭的興趣的減退，而是承受苦難的決心與勇

氣。基督教的喜樂是逾越節性質的喜樂。我們
在對苦難之主－耶穌基督的回憶與信仰中慶祝
今天的喜樂，在解放被壓迫者、顛覆強權者的
艱苦鬥爭中感謝上帝的恩賜。又因爲被壓迫者
的真正解放只有靠被壓迫者自己完成，上帝在
他們當中拯救著人類。因此解放的靈性在最終
的意義上是「無名者的靈性」（the spirituality
of anawim）。[29]

（三）末世學與政治

　　前面的論述使我們有理由相信，在拉美大
陸，選擇了革命就意味著選擇了未來。因爲拉
美的解放事業指向著在全新的社會中的新人。
未來在其根本的意義上不是指我們對自然統治
的加強。科學技術的增長雖然可以帶來財富的
積累，生產力水平的提高雖然可以導致商品的
豐富，但這些都只是對現在的延續。在現存的
社會秩序中，人們的異化狀態只能被不斷地加
深、加強。要想真正地告別今天走向明天，我
們就必須對現存的社會秩序提出根本性的挑

戰。人類的未來與政治領域的鬥爭與實踐渾然
難分。那麼，對於基督徒來說，未來又意味著
什麼？更進一步地說，基督教關於上帝之國的
福音與人們在歷史中的政治實踐究竟有何關
係？這些都被時代凸顯為不容迴避的問題。對
它的解答不僅有著神學的意義，它更將對人們
的解放實踐發揮直接的促動作用。通過對福音
與政治的關係的梳理，信徒們可以把對上帝之
國的希望與期盼轉化為投身革命的決心與勇
氣，使關於上帝之國的末世學在拉美大陸煥發
出勃勃生機。

　　現代基督教神學對此問題的探討，都是沿
著希望神學所開闢的道路進行的。在希望神學
的視野中，我們不僅在關注著現實生活，在現
實生活之中關注著他人的疾苦；更是在希望之
中進行著現實的鬥爭和生活。對基督復臨的期
盼，對上帝之國的希望是支撐著我們不斷向前
的根本力量。承接著希望神學的思路，默茨
（Medz）在第二次世界戰後創立了「新政治神
學」，對福音與政治的關係進行了探討。他首

先敏銳地指出了以往的基督教神學在此問題上
所陷入的二大誤區：舊政治神學把宗教和政治
相混同；現代基督教神學又把信仰私人化、內
在化，使之完全脫離現實政治。自覺避開這兩
大誤區之後，「新政治神學」試圖重新定義宗
教與社會、末世學信仰與現實生活，以及理論
與實踐之間的關係。在這些開創性的努力之中
不乏真知灼見，但也有偏頗之處，概括地講，
主要體現在以下兩個方面：對當代人的政治處
境缺乏足夠的認識，以及未能完全擺脫世俗神
學的傾向。這些都給當代基督教神學指出了新
的努力方向。解放神學在繼承前人事業的基礎
上，做出了最為傑出的努力。它立足於解放被
壓迫者、被剝削者，被歧視者的時代主題，沉
思帶來福音的耶穌基督對當代人的政治處境的
現實態度，在耶穌基督與政治世界的關聯中沉
思福音與政治的關係。

1.耶穌和政治世界

　　解放神學清醒地認識到，福音與政治的關
係問題雖然是由現代人的政治實踐所凸顯出來

的，但現代人卻無法站在歷史的今天去憑空想像耶穌基督對於當今政治的態度。任何試圖從耶穌基督身上找尋現代政治的痕跡的努力都必然是徒勞的，我們只能從他對其所處時代的政治態度來體會一些具有普遍意義的真理。簡言之，在耶穌基督的傳教生涯中有一些事實具有重要的政治意義：他與Zealots（公元六年至七○年間反抗羅馬統治的猶太某一教派中的狂熱信徒）[30]之間的關係錯綜複雜；耶穌基督保持與猶太當權者之間的對立；耶穌基督最終死於政治當權者的手中。

　　對於以上這些事實，以往的神學家們又有著各種不同的解讀。以Cullmann[31]爲例，他認爲耶穌基督之所以會有如此一系列的作爲，是因爲他堅持「末世學的激進主義」（Eschatological radicalism），即所有這些都根源於他對上帝之國的日益迫近的希望。耶穌基督在急切地期盼著即將來臨的上帝之國，所以他只關心個人的轉變、得贖，對社會結構的變革卻持冷漠的態度。在現當代，耶穌基督的這種立場已

不再有直接的有效性，因爲歷史已經表明，歷
史的終結不再是迫在眉睫的事實。隨著人們對
上帝之國的等待期的拉長，社會結構的變革逐
漸被提上議事日程。在歷史的變遷中，人們已
逐漸認識到了「個人的轉變與社會結構的變革
之間的相互作用」。[32]對於如此的解讀，解放
神學是難以苟同的。從這一系列事實中，解放
神學讀出的卻是耶穌基督的救世行爲的普遍性
和總體性。對於人們在歷史中的解放，耶穌基
督所採取的絕對不是冷漠的態度，而是把它放
在更加深層的水平上。也就是說，耶穌基督對
於人類的拯救具有根本性的意義，它直指歷史
中所有苦難和非正義的根源：人與人之間的兄
弟關係的破壞，人與上帝之間的融通關係的破
裂。在耶穌基督帶來的福音中，人們看到了最
後的希望，那就是在上帝之國中，人與上帝之
間，人與人之間的融通關係的重建。這是對歷
史中種種罪惡的根本破除，是人在上帝之國中
的重生。人的重生在這裡絕非僅僅是精神性
的，它是根本性的重生，具有總體性和普遍

性。因而對上帝之國的期盼在促動著我們投身歷史中的政治革命，投身創建正義社會的政治實踐。在積極的政治實踐中，我們迎接著上帝之國的來臨，歡呼著人類的全面解放。

2.信仰、烏托邦和政治行爲

　　要理清福音與現實政治之間的關係，不涉及到烏托邦恐怕是不可能。通過以上的論述，解放神學雖然已經指明了信仰與現實之間的密切關聯，但這種關聯卻不是簡單而直接的，如歷史上的「政治─宗教彌撒亞主義」（political religious messiahism）所堅持的那樣。政治─宗教彌撒亞主義錯誤地堅信信仰與現實政治間的直接推導關係，力圖從各種信仰的教條、形式之中推導出特定的政治立場。其結果只能是對現實的政治領域之自律性的踐踏。信仰不僅沒能給現實的政治鬥爭輸入新的生命力，反而又把政治生活籠罩在自己的羽翼之下。爲避免重蹈其覆轍，解放神學明確指出必須在信仰和現實之間加進另外一個層次，即烏托邦。「除了通過在全新的社會中重塑新人的努力，即通

過烏托邦，信仰和政治行爲二者永遠無法進
入一種正確而富有成效的關係」。[33]

　　烏托邦在這裡已不再指日常語言環境中的
那種不切實際的空想。解放神學已賦予了它全
新的內涵。簡要地說，它是一種在全新的社會
中重塑新人的努力。在理論的分析中，它被放
在現實的政治鬥爭（實際上包含經濟鬥爭、社
會鬥爭和政治鬥爭三個層次）和宗教信仰之
間。通過它，政治鬥爭與人們在上帝那裡的全
面解放才有可能相遇；信仰才能爲我們的解放
鬥爭提供勝利的保證。烏托邦之所以能肩負起
如此的使命，是因爲它與歷史現實之間的獨特
關係，它對歷史實踐的直接促動和它的理性規
範性。

　　烏托邦與歷史現實之間的獨特關係可以用
拒斥（denanciation）和宣告（annunciation）來概
括。它拒斥的是已存的社會秩序。烏托邦的革
命性就在於它拒絕對現存的社會秩序做任何妥
協，改良的可能性已被其全盤否定。辯證地
說，它是「人們對不滿意本身的不滿意。」[34]

它追求的是全新的社會以及在全新的社會之中的全新的人。在這點上，它和馬庫色 [35] 的大拒絕的立場遙相呼應。與之相對照，當展望未來時，它又是對一種新型社會的明白宣告。通過想像力的理性創造，它提供給我們的是一套替代已有價值體系的全新價值。展現在我們面前的是一副關於未來的美好藍圖。在這個意義，可以說烏托邦永遠是通往未來的，是對美好未來的直接促進。要實現對原有秩序的徹底顛覆、對歷史發展的有力促動，烏托邦又必須落實成歷史中的實踐。正是歷史的實踐才把它的這兩項功能連為一體，並為其提供了施展效力的場所。除卻了歷史中的實踐，烏托邦只能是對現實的一種無力逃避，更無從奢談對舊秩序的破壞和新秩序的建立。只有在創建新社會的實踐之中，舊的社會結構才能被摧毀，只有在歷史實踐的風險之中，烏托邦的生命力才能獲得發揮。

更進一步地說，烏托邦之所以能被落實成歷史中的實踐，乃是源於它的理性規範性。烏

托邦是理性的，借用Blanquart的語言，「只有相對於被超越了的理性（保守理性）而言，烏托邦才是非理性的。因為它實際上採用了真正的理性的立場」。[36] 當舊的社會秩序已無法維持時，原來與之相應的科學也喪失了生命力。在這樣充滿危機與動蕩的時刻，烏托邦所從事的才是偉大的創造事業。它通過運用想像力，在拒斥舊秩序的基礎上，描繪出新秩序的藍圖。這樣的想像力的傑作才是對理性的集中體現。它不僅沒有超出科學的領域，反而是對新生科學的宣告。對此Blanquart有著絕好的概括，「從經驗到理論的過濾，必須以一次跳躍、一次突破為前提，即必須以想像力的參與為前提」。[37]

　　正是由於這些本質規範性，烏托邦才是歷史發展的主要原動力之一。它的矛頭所指不僅僅有經濟上的剝削、政治上的壓迫、社會中的歧視，更是在舊秩序之下的人的整個異化生存狀態。它的目標所向也不僅僅是生產資料的公共占有、無產者的政治領導權、社會中的公

平，而是在全新的社會中對新人的全面塑造。
在這個意義上，它已經達到了文化革命的境
界。「實際上，烏托邦是站在文化革命的境界
上，力求塑造一種新人。」[38]在此境界之中，
「它能給人們的經濟行為、社會行為和政治行
為以人的核心。」[39]除卻了烏托邦，人們的
解放鬥爭將無法被堅持和落實，人們求解放的
鬥爭將再次地難逃官僚主義和宗派主義的命
運。更明白地說，烏托邦是對經濟解放、政治
解放和社會解放的人性化（humanization）。經
濟解放、政治解放和社會解放的這種人性
（humanness）又在向我們啟示著關於上帝的真
理。而且，也正是由於烏托邦的中介作用，上
帝所賦予我們的對罪惡的解放，在所有人的團
結中與上帝的融通才不致於淪為一種理想主
義，蛻變為對現實的一種逃避。在這整個過程
之中，烏托邦又發揮了對所有基督教意識形態
的消解作用。在烏托邦的希望之中，我們向上
帝所承諾的將來敞開了心扉，從而避免了對人
類某些成就的盲目崇拜，防止了對上帝之國和

某一特定歷史階段的混同。

　　總之，解放神學堅信，烏托邦對於人類的
解放事業至關重要。但福音卻沒有給我們提供
現成的烏托邦。「烏托邦是人類的創造。」[40]
不過，聖言和烏托邦卻又互為隱含。聖言是所
有人的存在的基礎，而這一基礎又只有在人的
存在中才能得到印證，只有通過人的行為才能
成為具體現實。就這樣，人們在對上帝的信仰
中實踐著重塑新人的努力，在塑造新人的努力
中推進著歷史的事業、豐富著上帝的事業。

第三節　爭論中的解放神學

　　至此，解放神學就分別從救世學、人類學
和末世學的角度全面展開了信仰與解放的關
係。在解放神學的視野中，信徒們不再僅僅憑
著本能和直覺投身革命，而是自覺地把對上帝
的信仰和對人類的解放融為一體。正因如此，
解放神學自誕生之日起，就擔負起了「人民的

警號」的使命。解放神學爲我們指出的不再是
那逃避現實的幽徑，相反地，她爲我們指明了
投身火熱現實的方向；在神學的言說中，信徒
們得到的不再是麻醉精神的鴉片，而是對久已
麻木了的意識的驚醒。在解放神學的號聲感召
下，拉美的解放運動更加如火如荼地發展了起
來。最爲顯明的標誌是，基層社區以星火燎原
之勢在整個拉美大陸迅速蔓延，在巴西、尼加
拉瓜、薩爾瓦多等國的解放鬥爭中成長爲中流
砥柱。可以說，由於實踐中的解放神學，基督
徒成了自覺的革命者。

　　但在神學界，人們對解放神學的反應卻恰
好相反。自解放神學進入歷史舞臺以來，基督
教世界中對她的批判與否定之聲就一直未絕於
耳。歸根結底，所有這些指責所針對著的都
是解放神學的所謂的「還原主義」。他們認
爲，解放神學在解讀信仰的過程中，否定了關
於上帝的啓示的超驗性質和恩賜的核心性質，
把上帝之國直接等同爲社會的烏托邦，把福音
還原爲馬克思主義的社會革命學說。根據前文

的論述，我們已有足夠的理由確信，所有這些
對解放神學的非難都是無的放矢，他們沒有把
握住解放神學的真精神。

　　首先，解放神學確實在神學與社會科學之
間建立起了一種密切的關聯，但這並不意味著
解放神學把二者直接地相互等同。與傳統神學
不同，解放神學的道路是在對重大現實問題的
關注與思考之中理解信仰。現實的社會歷史必
然是解放神學所關注的對象。為了把握社會的
真實，解放神學必須借助社會科學的成果，只
有這樣，她才能「以更大的準確性把握住社
會向福音的宣講和神學的反思所提出的挑
戰」。[41]以附屬理論為例，借助於它，解放神
學就找到了導致拉美的極端貧窮的社會制度根
源，對拉美的社會性質有了明確的認識。但附
屬理論卻永遠無法涵蓋解放神學的全部內容。
事實上，從附屬理論進入解放神學家們的視線
以來，解放神學家們就開始了對它的批判。早
在 1974 年，古斯塔夫・古鐵雷斯就提出了對
附屬理論的批評。因為神學所關注的不僅僅是

對人們的經濟、政治乃至文化上的附屬地位的
改變；通過如此的改變，神學指向的是人類在
上帝之國中的根本解放。在這個意義上，我們
可以說真正落入還原主義的桎梏的是那些解放
神學的敵對者們。他們之所以會認爲解放神學
把福音還原成了政治革命學說，是因爲福音被
他們解釋成「非塵世的精神主義」（unearthly
spiritualism）在這樣的解讀中，耶穌基督所帶來
的普遍性與總體性被掩蓋了。

　　其次，在解放神學與馬克思主義之間並不
是簡單的同一或對話的關係。解放神學自產生
之日起，就似乎與馬克思主義結下了不解之
緣。羅馬教廷斥責解放神學，因爲她的最大罪
惡在於引入馬克思主義；無數學者研究解放神
學，因爲她實現了馬克思主義的真正綜合。但
事實上，解放神學家們對馬克思主義卻有著別
樣的認識。以古斯塔夫・古鐵雷斯爲例，他明
確主張在馬克思主義中存在著意識形態方面與
社會分析方面的區分。他認爲，對於作爲意識
形態的馬克思主義，即無神論的馬克思主義，

解放神學是無法與之進行任何對話的。「不存在任何接受無神論意識形態的可能。如果我們一旦承認了這種可能，那我們就已經背離了基督教的信仰，不再是在探討有關神學的問題。」[42]這裡暫且不論古鐵雷斯對馬克思主義的認識是否正確，但有一點可以確定，那就是解放神學所感興趣的並非是作爲世界觀的馬克思主義。在解放神學之中，並沒有神學與馬克思主義之間的真正對話，解放神學仍然是在上帝之國的視野之中認識社會，在耶穌基督之中把握歷史。

　　但解放神學與馬克思主義之間又不是傳統的對立關係。當解放神學開始關注拉美現實時，馬克思主義的學說就進入了她的視線。殘酷的剝削、瘋狂的壓迫、非人的歧視、民眾的反抗等等都在向解放神學家們宣告：歷史要在衝突中展開，解放要在革命中完成。於是，馬克思主義關於社會歷史的學說就成爲了解放神學認識現實、改造現實的最好工具。不僅僅是馬克思主義的階級鬥爭學說爲解放神學家們勾

勒出了歷史發展的粗略線索，西方馬克思主義
的社會批判理論也爲解放神學認識現代社會提
供了豐富的思想資源。可以說，解放神學與作
爲社會歷史學說的馬克思主義密不可分。此密
不可分的關係還體現在，解放神學對馬克思主
義的社會分析學說進行了改造。面對著充滿衝
突的社會現實，解放神學要追回的是如何在衝
突之中實踐對上帝和他人的關愛。因此，革命
基督徒們選擇支持窮人的事業，激進教會選擇
成爲貧窮的教會，其目標並不在對富人的報
復。在最終的意義上，解放神學要在對敵人的
鬥爭中實現對敵人的關愛，在變革社會制度的
政治鬥爭中，實現人類的全面解放。

註　釋

[1]*A Theology of Liberation*, p.13.

[2]*A Theology of Liberation*, p.45.

[3]*A Theology of Liberation*, p.47.

[4]轉引自 *A Theology of Liberation*, p.50.

[5]同註4。

[6]同註4。

[7]*A Theology of Liberation*, p.13.

[8]參見黑格爾的《精神現象學》序言。

[9]*On Not Leaving it to the pnake* (New York 1967), p.12.

[10]轉引自 *A Theology of Liberation*, p.13.

[11]參見 Jurgen Mollmann 的 *Towards a Political Hermeneutics of the Gospel*.

[12]Graudillm et spes, no.55.

[13]*A Theology of Liberation*, p.149.

[14]*Covenant and Creation* (London: Sheed and Ward, 1968), p.141-149.

[15]參見 *A Theology of Liberation*, p.155.

[16]*The Key Concepts of the old Testament*, (New York: Sheed and Ward, 1955), p.36–37.

[17]*A Theology of Liberation*, p.161.

[18]Karl Barth, Kirchliche Dogmatik, p.385.

[19]Karl Barth, Kirchliche Dogmatik, p.387.

[20]參見 *A Theology of Liberation*, p.169.

[21]參見 *A Theology of Liberation*, p.170.

[22]參見 *A Theology of Liberation*, p.171.

[23]*A Theology of Liberation*, p.196.

[24]參見路加福音 10：29-36.

[25]在這裡，作者借用了 Pius XII 的語言。參見 *A Theology of Liberation*, p.202.

[26]*A Theology of Liberation*, p.203.

[27]*A Theology of Liberation*, p.205.

[28]*A Theology of Liberation*, p.208；並可參見 "Letter to Peoples of the Third World", in *Between Honesty and Hope*.

[29]參見 *A Theology of Liberation*, pp.226-228.

[30]參見 *A Theology of Liberation*, pp.229-230.

[31]*Jesus and the Revolutionaries*, p.55.

[32]參見 *A Theology of Liberation*, p.236.

[33]*A Theology of Liberation*, p.236.

[34]轉引自 *A Theology of Liberation*, p.233.

[35]Herbert Marcuse (1898-1979)，西方馬克思主義的著名代表人物之一。

[36]轉引自 *A Theology of Liberation*, p.233.

[37]同註 36。

[38]*A Theology of Liberation*, p.235.

[39]轉引自 *A Theology of Liberation*, p.237.

[40] 轉引自 *A Theology of Liberation*, p.238.

[41]*The Truth Shall Make You Free*, p.55.

[42]*The Truth Shall Make You Free*, p.61.

第四章
解放神學——
對我們意味著什麼

　　解放神學的思想和實踐揭開了拉美基督教歷史嶄新的一頁，強烈的歷史現實感注入它的肌體。從而在基督教世界中，這種神學煥發出強大的生命力，由於它以現實社會中的自由解放為主題，由於通過上帝的眼光全新地看待人，因而產生拉美的解放神學關注人的普遍解放和全面的新人的創造，將現實的自由解放主題提高到人的神性的角度，成為上帝賦予人的根本存在方式。所以，我們說，解放神學不僅是拉美社會的特殊社會環境和歷史運動在宗教神學中的反響與回應，而且也是對社會的異化或不合理現象的普遍反思和關注。因而，解放

神學在世界歷史中所具有的特殊的現實性品格
中孕育著普遍性的意義與價值，正因爲如此，
它的運動和歷史對第三世界國家的基督教和社
會產生廣泛而深刻地影響，並且涉及歐洲與北
美，在客觀上促成了黑人運動、女權運動和民
族獨立解放運動的發展，使這些運動在神學的
語境中獲得永恆的意義與超驗的價值。

第一節　解放神學的主題及其 世界影響

　　馬克思說過「宗教的苦難是現實苦難的表
現，又是對這種苦難的抗議」。在他那兒，宗
教神學看待歷史現象有時是對現行社會合法
化，有時又是對它的反抗，當社會出現極端的
邪惡和不公正時，當人們對這種邪惡的現實開
始覺醒時，宗教就會被現實所激化，它不再單
純是導致人們接受現實並且遺忘現實的麻醉
劑，而是在覺醒的自我意識中，開始成爲反抗

現存社會秩序不公正的運動的表達。上帝的福音不再僅是對老人的靈魂解脫和彼岸世界的單純承諾，而且演變成為歷史鬥爭的號角；《聖經》的啟示不再僅是啟示人們神性的仁愛精神，而是這種仁愛精神在生活中轉化成社會的正義感和良心。此時，宗教表現為對爭取合理公正的社會秩序運動的合法化與神聖化，拉美社會的解放神學運動就是明證。

　　自拉美大陸被新興的歐洲資產階級文明發現以來，就開始了它受剝削、受壓迫的殖民歷史。二十世紀五、六十年代的反殖民主義浪潮雖然使這裡的國家和地區取得了政治上的獨立，然而它們在現代化運動中並沒有真正擺脫殖民主義的命運，反而被現代資本主義秩序拋向世界的邊緣——極度的貧困，日益發展的不平等和大量窮人的流離失所⋯⋯具體呈現了這種社會的尖銳矛盾。拉美社會在這種歷史中不自覺地成為資產階級文明轉嫁自身矛盾的對象，成為這種文明所要努力擺脫的深淵，它是資本主義社會極端不合理和不公正的具體表

現。所以，拉美社會是資本主義社會陰暗面的
公開表達，是資產階級文明的普遍矛盾的歷史
明證，因而對資產階級世界來說，拉美社會的
現實具有世界的普遍性，在這種歷史環境，拉
美社會的現實表明了反抗這種不合理的社會秩
序的革命行動不但成了歷史的可能，而且也是
現實的要求。這種革命運動不僅是對拉美現存
社會秩序的反抗和鬥爭，而且也是對整個資本
主義世界文明的反動與警醒，因此，拉美（天
主）教會在這種現實中必然不斷被革命化，激
進化，從保守的營壘裡分化出激進的革命神
學，繼而演變成解放神學。他們宣稱：「我們
必須克服資本主義，它是最大的罪惡——一種
不斷積累的罪惡，是產生貧困，饑餓，疾病，
死亡等一切壞東西的腐朽根源」，解放神學的
運動和拉美社會的現實已經表明：爭取人民的
自由，平等和正義的革命實踐已成爲這種歷史
的主題，人民所能作的是將自己從結構罪惡的
資本主義社會中解放出來，把當前全球改造成
爲一種新型的人道主義的社會。

　　解放神學作爲拉美人民爭取自由解放運動
的合法化和神聖化的表達，由於拉美社會的剝
削，壓迫，貧窮和流亡等種種異化現象是現代
資產階級文明轉嫁厄運的普遍結果，是資本主
義社會不合理現象的極端體現，因而使解放神
學作爲革命化的現實的表達具有了普遍的意
義，因此，自由解放作爲解放神學的主旨不僅
是拉美社會特有的社會主題，而且是資本主義
社會普遍的歷史主題，只要真正的自由平等沒
有實現，歷史中就會有爭取自由解放的呼聲，
正是資本主義社會使自由、平等、博愛真正成
爲可能，從而這些觀念成爲資產階級意識形態
的基礎，成爲現代社會政治的理念，但是也正
是這種社會使自由平等原則在現實生活中顯露
出它的虛假性，無法真正貫徹下去。這樣，爭
取自由平等的革命和解放的主題必然作爲推動
因素出現在歷史語境之中，隨著人們的自我意
識的覺醒，隨著自由平等原則成爲人們追求的
普遍目標，現代社會的民族問題、種族問題和
性別問題真正進入歷史的視野，爲爭取這些領

域的平等自由的運動成了歷史的可能和要求。
由於解放神學的主旨是爲爭取人類的平等自
由，爲創新而進行的革命和解放。這與民族獨
立解放運動，黑人運動和婦女解放運動的根本
精神一致，因而這種神學的發展與傳播對這些
運動產生廣泛而深刻的影響，在客觀上促成了
第三世界神學的形成，促成了歐美黑人神學，
女權神學的誕生與發展，並涉及世界範圍。

　　亞非等地區同拉丁美洲共同構成第三世
界，它們有著相同的命運——成爲資本主義矛
盾的真正承擔者和資產階級文明異化現象的集
中體現者。這種命運使第三世界的社會日益被
邊緣化，成爲現代世界中真正的無產階級。共
同的歷史背景使它們走到了一起，使他們具有
了共同的心聲。解放神學在拉美社會的歷史和
運動很快波及整個第三世界，推動了整個第三
世界神學的形成。第三世界神學根植於該民
族，該地區的現實生活，對自身所處的社會作
批判性的反思，隨著這些地區和國家反殖民運
動、民族獨立解放運動的蓬勃發展，興起了獨

立的教會運動和神學思潮。這些運動促使第三世界的基督徒對他們自身的文化和歷史加以反思,從而形成亞洲基督教的「三自運動」——自治,自責,自養——以及宗教的民族化和本土化運動。

黑人神學是(美國)黑人民權運動在神學上的反映與表達,它深受拉美社會中的解放神學和基督教人道主義的影響,在黑人基督徒中廣爲流傳。1969年,美國黑人教士全國委員會發表論述黑人神學的正式聲明;70年第一屆黑人神學評議會的召開標誌著黑人神學的真正誕生。黑人神學第一次把基督教從膚色的偏見中解放出來,這種神學宣稱:黑人權利本身就是人類尊嚴的表達,是耶穌基督帶來的福音。因此,黑人有把握自己的命運與未來的自由,不應受他人的壓迫與統治。在一個種族歧視的社會中,基督的象徵就是黑人,他必然會解救受苦受難的黑人群眾,耶穌基督現在正在被壓迫的黑人之中繼續從事他的解放事業。只有徹底鏟除社會剝削與壓迫,才能真正爭取黑人的

解放，才能真正爭取到與其他種族和膚色的人
們一樣平等自由的地位。上帝並沒有遺棄黑
人，而是通過耶穌基督在現實生活中爲黑人爭
取種族平等和自由，反對種族歧視與壓迫，實
現所有黑人的解放。

　　女權神學是性別平等和婦女自由的意識在
神學中的覺醒，是當代婦女解放運動和女權運
動在宗教世界裡的表達。女權神學源於70年
代的美國，然後波及歐洲和其他地區。這種神
學對《聖經》作女權主義的解釋，強調婦女的
宗教靈性，以便讓婦女從父權主義的偏見中解
放出來，從而使宗教在「神─父與子的彼岸」
得到發展。因此，她們強調聖母瑪麗亞的重要
地位，認爲上帝「道成肉身」必須有女性的參
與，沒有「聖母」，就不可能有「聖子」耶穌。
耶穌基督對男女都是平等地行使救贖責任，對
婦女的解放和她們的尊重是基督教教義上的女
權神學的最強烈的動因，女權神學所關注的不
僅是把婦女從得到宗教認可的男性優越中解放
出來，而且是把肉體從靈魂的優越中解放出

來，把自然從精神的優越中解放出來。假如女權神學所倡導的婦女解放運動能夠成功，這種神學也將導致人類對肉體存在的接受，導致人類同自然環境新的交融關係的形成。女權神學同拉美解放神學的精神一樣，都具有趨向普遍解放的要求與可能性。

解放神學的歷史與運動以及它的世界影響說明，宗教神學作為社會存在的意識形態，必然體現它那個時代的歷史精神。所謂社會意識形態，簡言之就是現實社會生活的自我意識，是被意識到的社會生活形態。所以，作為意識形態的任何宗教，在歷史的向度上說，是無法超越現實生活以達到超歷史的永恆範疇和存在方式—即使宗教神學的語言是以超驗的或永恆的方式去把握歷史生活，並將其言說成為植根於超越性的存在。解放神學的運動和歷史表明：這種神學是以基督教及其神學語言為中介成為拉美社會現實生活的自我意識形態，緊緊地握住這種社會的歷史現狀和現實要求，以自由解放為主旨參與現實的社會政治運動，恢復

了神學在生活中旺盛的生命力。由於拉美社會
的現實及其本質是資產階級文明的實質和矛盾
在當代社會中的集中表現，是資本主義社會的
異化特徵在這裡的誇張與激化。所以作爲這種
社會現實生活的意識形態的拉美神學自然具有
這個時代的普遍性特徵，因而同現代諸如民族
問題，種族問題和性別問題等現象相結合，產
生廣泛而深刻的影響，導致在現實歷史中產生
解放神學的社會政治運動。正因爲如此，拉美
的解放神學才引起梵蒂岡和五角大樓關注。

第二節　作為意識形態的解放神學

　　作爲拉美社會生活形態的自我意識，解放
神學只有在現代資本主義社會中才成爲可能，
並且成爲現實的要求，資本主義社會在脫胎於
封建主義歷史之後，資產階級世界就不斷尋求
對自身理解以取得合法性，也是作爲它自身的
社會生產和生活方式向世界傳播和推廣。這種

原則的根本內容是：工業形態的生產成為人類
社會根本的物質生產形態，商品原則成為現實
生產關係自我生產和再生產的根本原則。資產
階級就是這個社會的代言人，他向世界推行這
種原則，並且通過歷史的必然性證明自身存在
方式的合理性。在這種社會中，從工業文明中
誕生的商品社會以強勁的自我生產能力向整個
世界傳播，各民族的歷史必須以這種社會運行
方式為中介實現自身的現代性。歷史，生活和
意識形態就必須以商品知覺的形式為自己的中
介，必須以形式化的合理性為存在的自主性原
則，才能達到現代歷史中的生存自由。各種民
族的歷史文化在現代（形式）合理性的社會中
恢復了他們的意識形態，但是已經為現代的世
俗合理性所介入；所以世俗化或合理化是世界
中各歷史文化在現代文明中的普遍命運。

　　資產階級文明的商品形式所蘊含的合理性
原則使世俗的自由平等觀念成為歷史的可能和
現實的要求。因為商品的形式原則本身孕育著
自由平等的可能性，即只要任何一種社會存在

物按照商品運動的根本方式去生存，就會有它
自由的空間和平等的環境。自由作爲存在物能
夠自己支配自己的命運的概念，只有在存在物
作爲主體並且自覺到自身是主體即它是自在的
又是自爲的才成爲可能。現代資產階級文明恰
恰賦予了人作爲個體的這種可能性；即人作爲
個體以商品的形式合理性原則爲自身存在的中
介，他就實現了在這個社會中作爲主體的存
在。正是每個個人在形式合理性中獲得他的自
主性，所以，人作爲個體意義上的自由平等才
成爲現實。因而，資產階級意識形態就是以個
體在形式合理性意義上的自由平等作爲自己的
根本原則。這樣，人們自覺到了自身的主體性
與能動性，歷史不再表現爲天然的命定的社會
秩序，而是表現爲人的歷史生活的單純創造，
社會關係的生產和再生產；人不再是社會秩序
的單純載體與附屬物，而是表現爲歷史的創造
者和主體。因而，人們對於真正自由，平等，
公正的社會的嚮往和希望在社會政治實踐意義
上才成爲可能。

　　然而資產階級社會只是形式上自由平等的社會，因爲人們只有將自身轉化爲商品原則或物化的存在形式，才能實現平等自由的主體性存在，即現代資產階級文明的主體性原則就是物化的合理性原則。所以不可能實現人的真正的平等和自由，然而，自由平等的基本觀念已具有了普遍的意義與價値。另一方面，這個社會的平等自由退化爲純粹的形式，在純形式下隱藏著眞正的不平等，不自由，以及它們造成的異化，剝削和壓迫現象的加深，社會貧富分化的擴大，現實生活的日趨不合理就是資產階級平等自由原則虛假性的證明。當平等自由觀念成爲人們的普遍觀念時，當現實的歷史只是在自由平等的形式下發展它的不自由，不平等的內容時，社會的反抗力量就會出現，追求眞正的平等自由就成了對現存社會的批判，實現人的解放就成了對現行社會的改造。這就把自由和平等的希望和歷史聯繫起來，把歷史與未來聯繫起來，進步，解放，發展就成爲這種趨勢下的主導觀念。

　　現代文明的出現導致人類歷史的世俗化，在世俗世界中，人們自覺到自身的力量和價值，因而以人爲核心的自由平等觀念成爲資產階級意識形態的根本原則。中世紀那種以上帝爲核心，以他在世俗生活中的代表—基督教會所支配的，浸潤了他的精神和氣質的世界已不復存在了。基督教被現代文明放逐到社會的邊緣，被領入一種後基督教和非基督教的世界中。社會生活的世俗化意味著沒有教會的社會，沒有宗教的道德，沒有神學的科學，沒有上帝的人已成爲歷史事實。資本主義社會的形式合理性的自由空間讓基督教以新的面目出現在歷史的舞臺上，它要獲得自身的現實意義，就必須進入現代性生活的語境，以便在世俗化進程中深入洞察歷史，理解社會，關注現實，並給現代人以信仰的希望和勇氣。所以基督教神學必須成爲關於世俗世界的神學：它應關注歷史中的上帝和個人—人們的信仰應該是歷史或世界中的信仰，而不單是個人化的超驗的信仰，上帝的拯救方法是社會生活中的拯救，而

不單是觀念上或靈魂上的拯救。在這種神學語境中，世俗世界沒有上帝的歷史，生活可以爲上帝之遺棄在十字架上的耶穌基督所啓示，那麼上帝對這個世界的拯救就爲上帝道成肉身，通過耶穌基督爲人類受難，拯救人類的行動所證明。

　　由於資產階級所倡導的自由平等的意識形態在資本主義的現實社會中，只具有形式合理的意義。而歷史不斷生產出沒有自由，沒有平等的生活，剝削、壓迫、奴役和異化在現代資本主義世界裡並沒有消失，反而通過資本主義經濟和社會關係再生產出來，並且通過不合理的世界經濟政治關係轉嫁到第三世界，第三世界在這種意義上成爲真正的無產階級，在他們身上集中體現了資本主義社會的異化和矛盾，在這種歷史環境中，基督教神學關於上帝在歷史中對世俗世界的拯救不僅有理論或觀念的意義，而且有社會或政治上的意義，不僅成爲歷史的可能，而且成了現實的要求。上帝道成肉身—通過耶穌基督的降臨而拯救人類，替人類

受難的《聖經》語言在現實社會中具有了嶄新
的現實意義。拉美社會的現實和人民的生活是
第三世界的典型和縮影，是現代資本主義社會
秩序的真正受難者，是資產階級文明生活的真
實原罪，因而《聖經》的話給構成的基督教的
神學體系在這裡發現了它的現實歷史的實證基
礎，它的救世主義精神和彌撒亞情節在這裡得
到激發。由於現實社會的推動，基督教進入這
種歷史的自我理解之中，它的拯救精神因反抗
資本主義形式合理性而實質非理性的社會秩序
和它的社會政治運動。

　　解放神學誕生標誌著基督教神學通過世俗
化過程獲得了對現代資產階級文明的深刻洞
見，這只有在資本主義社會異化和矛盾集中暴
露的地方─拉美社會為代表的第三世界才有歷
史的可能。而解放神學也正是通過對現實生活
的真正理解而重新閱讀和解釋《新舊約聖經》
的。這不同於任何西歐或北美的新教神學，它
們努力從現代的文學或哲學等意識形態中獲得
現代性的目光重新審視基督教的歷史和它的文

本(主要指《聖經》),以期獲得現實的理解,
這種理解現實生活的方式決定了它們必然不能
把握資產階級文明的實質,因此也不可能像解
放神學那樣在歷史中產生廣泛而深刻的政治和
社會影響,以致引起梵蒂岡和五角大廈的普遍
關注。因為解放神學所依據的歷史視界不是資
產階級意識形態,而是資本主義社會在拉美所
造成的歷史現實,基督教的真正的拯救精神在
這種神學中真實地體現出來,那麼這種救世精
神在解放神學對基督教歷史的和文本的閱讀中
是怎麼體現出來的呢?我們可以看解放神學的
神學品格。

　　解放神學體現了對基督教和文本和歷史的
一種嶄新的理解,諸如信仰,救贖,上帝,基
督,末世論在這種神學語境中獲得全新的意
義,使它們都圍繞著一個主題一歷史和它的解
放,但又不失作為宗教神學所必須具有的超驗
性。基督及神學的文體—《聖經》就是圍繞耶
穌基督的事跡為中心而展開,因此對耶穌基督
的重新解讀對於任何基督教科學都有舉足輕重

的作用。耶穌基督是一個雙名—基督是上帝的
彌撒亞,而耶穌是拿撒勒的一個歷史人物,現
在產生一個批判性的問題:耶穌當真是基督
嗎?在《聖經》文本中,耶穌的生平和基督的
相交點是各各他陽十字架,耶穌之死是救世使
命的結束,他的復活是塵世上帝之國的開端,
上帝道成肉身,通過耶穌基督降臨人世並拯救
人類。這種基督學在解放神學中被理解為在耶
穌身上,上帝不僅歷史地顯示出來,而且本身
就是歷史,由於耶穌基督的受難與復活表明了
他是受壓迫、受剝削的人之象徵,通過耶穌基
督的救贖行為表明了上帝是拯救的上帝,是解
放的上帝,他不僅將我們從個人的罪惡中解脫
出來,而且從社會的罪惡中解脫出來。上帝解
放整個人的存在—肉體與靈魂,個體與社會,
心靈和宇宙,時間與永恆。在這種解讀中,上
帝是歷史世界中的上帝,歷史只有一個—不存
在世俗之城與上帝之城的根本區別—即世俗世
界的歷史,上帝就是在歷史的救贖中體現為人
類的存在,這種救贖行為體現為歷史的自我解

放過程，在這一過程中，實現新人的創造，以達塵世上帝之國的形成。

上帝體現為歷史，他的救贖行為體現為歷史的自我解放，上帝通過耶穌基督的拯救，不是另一個世界的某種存在，而是直接體現為人類現實，體現為人類對歷史的創造。因而上帝不再作為歷史的先驗前提，而是體現為現實社會中人類作為歷史主體的實踐活動，體現為人類的自我解放運動，這種實踐活動體現了上帝的救贖精神。這樣，神學向度就朝著未來與希望，而不是單純指向另一個超驗的世界，因而是關注人類歷史未來或希望的末世論意義上的神學，希望進入了信仰領域，上帝不再僅被表達為「我是」，而且被表達為「我將是」，他是一位進行救贖和解放，向著未來和希望的上帝，未來和希望指向死者的復活、永恆的生命，愛和正義的實現。在歷史的自我解放中，我們面臨著從事救贖事業的耶穌基督中的上帝。在解放神學的思想中，上帝通過耶穌基督成為歷史中的上帝，但沒有將上帝看成具有無

限可能的至真至善的人，神學也沒有相應地還原爲歷史的人類學，而是堅持上帝的超驗性，這種超驗性在耶穌受難和復活中爲世人所見。所以上帝顯現爲歷史，但他本身不僅是歷史，而且是超驗的存在。

第三節　神學的超驗意義和解放神學的永恆價值

　　神學之爲神學，簡而言之，就是它將歷史所探討的主題言說爲超驗的存在，那麼，對於這個世界來說，這種超驗性存在的真實性如何可能？如果可能是真實的話，那麼它又如何爲這個世界的語言所能言說呢？我們不妨順著問題的思路，稍微探索一下神學的主題和神性話語的可能性問題。

　　康德說過「存在不能是一個述語或賓詞，它不可能是關於非入某物的概念的概念」，他極力否定人類的理性能力可以把握存在的問

題，那種存在的能被思維爲合理性，不能歸約
爲純粹思維的自我對象化過程。因爲（純粹思
維的）合理性將存在理解爲自身等同的事物，
理解爲事物自我客觀化的運動。康德的這種觀
點表明了存在不能被理解爲對象化的賓詞或存
在物——不論這種存在物是作爲個體的歷史還
是作爲總體的世界——類似於海德格哲學中著
名的存在論差異。它說明存在不能歸結爲存在
物的世界和歷史，不能爲經驗世界的過程所窮
盡它的真理性。因而，我們可以說存在在本真
含義上顯現出它的超越經驗，超越歷史的特
徵，這在人生經驗中，可以通過「死亡」的內
涵說明存在的超越性，死亡對人的生命來說是
沒有開端的終結，使生命陷入無關係或非存
在，對每個人來說，他自身的死亡永遠不能被
理解爲生命世界中的事件，以放在他的生活中
展開其歷史過程—雖然周圍人們的死亡在他的
世界中不斷發生。所以，對於生命來說，他自
身的死亡永遠超越這種生命的所有歷程和經
驗，但在生命中真實地浮現著，因爲每個人都

知道凡人必然會死，存在對於世界的意義，類
似於死亡對於生命的意義，是超越經驗和歷史
的。但是存在只有通過存在物的顯現才能呈現
出它的超越性，只有通過「存在－自身－於
－它－自身－顯現」（海德格現象學形式概
念）成為現象，存在的真理才得以顯露，不論
這裡的「它」被理解為意識，生命還是歷史，
這個世界的現象都能顯現出存在的超越意義，
就如死亡通過生命顯現出對生命的超越性一
樣，宗教神學的一個根本精神就是它所關注的
主題對世界和歷史具有超越性，所以對宗教神
學的理解不能單純地歸結為宗教人類學的理
解，神學不是人類學。

　　那麼神學又如何能夠用這個世界的自然語
言去言說超驗存在的宗教主題呢？神學內容的
超驗性如何能夠在世俗世界的自然語言中顯現
呢？我們只有從語言中尋求答案，眾所周知，
語言不應被理解為手頭上可有可無的工具，單
純作為生活交往的共同媒介，或者自然存在的
符號交流，或是人們表達自己的特殊形式。而

應該理解爲人的存在規定，他的存在方式。因
而只有在語言中，存在才被擁入世界，世界才
得以敞開和呈現。也只有在語言中，存在才能
爲存在物所顯現，顯現爲存在物總體的世界。
可以說，語言使世界成爲可能，語言的界限就
是世界的界限。所以，語言並不能單純作爲世
界或其中某種存在物的表達或能指，因爲在語
言之外談論世界，或將世界設定在語言之外是
沒有意義的。存在不是述語或賓詞，不能被語
言陳述爲存在物的意義，因而存在的超越性在
語言言說的世界中顯示出來，並在特殊的言說
中顯示其意義，這種特殊的言說就是啓示的語
言，在啓示的語言中，語言的所指往往超越語
言本身，超越自然語言所表達的世界。啓示的
語言是神學語言的真正生命力之所在，正是通
過它，宗教神學才能溝通存在與世界，超越與
歷史，無限與有限，永恆和時間的隔閡。神學
的方法就是通過它的啓示語境去發現它所把握
的生命或歷史內容所具有的超驗意義與永恆價
值。所以，我們可以說，這個世界是神聖的，

是因爲它在神學的啓示語言中呈現爲神聖的。

　　如果說神學在於把它所探討的主題把握爲超驗的存在的話，那麼它是否淪爲一種哲學呢？關鍵在於神學用自身的超驗精神去把握歷史主題，而不是沉思超驗性本身何以可能，那是哲學的事。對基督教神學來說，就是將耶穌基督降臨人間，拯救世界的歷史事件把握爲超驗的主題，閱讀爲上帝道成肉身，進入歷史繼而拯救歷史的過程。這種過程的超驗性品格集中體現在耶穌基督在世間代人受難至死繼而復活的過程上，它真正體現了上帝的仁愛和意志。該事件幾乎構成所有基督教神學的存在論語境。因爲《聖經》是上帝的啓示，基督教神學就是人們通過他們的歷史語境對《聖經》的重新闡釋，這種闡釋使神學獲得現實的生機，同時被神學把握的現實主題具有了超驗的意義。

　　在拉丁美洲，現實社會生活的極端異化和不合理造成日益發展的貧困，不平等和大量窮人流亡的現象，使得爭取人民平等自由、反抗

社會實現解放的呼聲日益成爲歷史的主題，它
用人們的歷史現狀共同構成這個社會的生活和
歷史語境。解放神學就是在這種生活世界中通
過它的歷史語境重新閱讀《聖經》，解釋《聖
經》，藉以從基督教世界中獲得精神上的力量
與鼓舞，爲現實社會中的政治解放運動尋找合
理性的理由和神聖化的動機。就在這一過程
中，現實語境中自由和解放主題在神學語言中
顯現出它的超驗價值和永恆意義。在解放神學
看來，自由、平等和公正不僅是人類生活的某
種狀態，可以當作歷史的價值和目標來追求，
而且根植於人的本性，根植於上帝在他的世界
和人身上所顯示出的神性，是人的必然命運和
永恆要求。在神學的語言中，人的自由本性和
尋找解放的行動絕不單純是歷史學意義上的人
類要求與實踐，而是人的根本存在方式，是人
的超驗神性，是神性在世界中的顯現。如同基
督教神學的十字架的意義絕不能被還原爲純歷
史學的事實所具有的意義，而是在超驗的向度
預言人類的必然命運與期望——因爲十字架所

象徵的耶穌受難復活的命運在神學世界中已經
是永恆的神性光輝。

　　當羅馬天主教庭指控解放神學淪爲被馬克
思主義所同化的一種社會理論，而背棄了基督
教神學教義時，解放神學的代言人強調指出它
首先是一種神學，是關於上帝信仰和人類拯救
的學問，而社會科學方法決不能取代神學的首
要地位，它只是神學藉以進入社會歷史的中
介，以便在神學的眼光裡看清生活的真正本
質，洞察社會的根本矛盾，傾聽人民的迫切呼
聲。解放神學的主旨即自由和解放絕不能還原
爲人類學或歷史學意義上的某種生活理想或希
望——這種理想或希望作爲純粹歷史經驗的產
物乃是人類對其存在的主體性的自我意識的結
果。自由、平等和解放在神學的眼光看來，不
是可以被把握爲以對象方式存在的某物或概
念，不是體現爲純粹歷史的經驗過程，而是人
的根本規定，是植根於人性中的神性。所以，
自由、平等、解放是上帝的自由意志和愛的精
神在世界中的神性顯現，是超越經驗和歷史的

存在的。因此，它們不能被還原爲人類歷史現實生活及其可能性，因爲在神學的語境中，內容的意義被把握爲超驗的永恆的主題，通過啓示的語言，它們被指向超越語言所描述的世界之外的存在（即上帝）。在解放神學的閱讀中，上帝就是自由、平等、解放的創造者，也是自由、平等、解放自身。上帝在世界中道成肉身通過耶穌基督拯救苦難中的人類的過程就是人類自由、平等、正義的實現過程，是上帝之國的實現過程，這一過程不爲任何歷史環節所中斷，而是人類的必然命運，是他的存在本性。

　　盧梭曾經說過：人生而自由，卻又無處不在枷鎖之中。所以自由平等和對它的渴望不僅浮現在歷史過程之中，呈現爲人們的生活形態和現實活動，而且根植於人們生存的本性之中，是上帝自生意志和愛的精神的體現，雖然歷史的命運多桀，但自由和解放是歷史的永恆主題。

　　解放神學就是這樣閱讀歷史的！

國家圖書館出版品預行編目資料

```
解放神學 ＝ Theology of liberation／張雙利,
  陳祥勤著. - - 初版. - - 臺北市：揚智文化,
  2000〔民 89〕
    面；  公分. - -（文化手邊冊；50）

  ISBN  957-818-114-0（平裝）

  1.神學

242                              89003302
```

文化手邊冊　50

解放神學

作　　者／張雙利、陳祥勤
出 版 者／揚智文化事業股份有限公司
發 行 人／葉忠賢
總 編 輯／孟　樊
登 記 證／局版北市業字第 1117 號
地　　址／台北市新生南路三段 88 號 5 樓之 6
電　　話／(02)2366-0309　2366-0313
傳　　真／(02)2366-0310
印　　刷／偉勵彩色印刷股份有限公司
法律顧問／北辰著作權事務所　蕭雄淋律師
初版一刷／2000 年 8 月
定　　價／新台幣 150 元

南區總經銷／昱泓圖書有限公司
地　　址／嘉義市通化四街 45 號
電　　話／(05)231-1949　231-1572
傳　　真／(05)231-1002

ISBN　957-818-114-0
網址：http://www.ycrc.com.tw
E-mail：tn605547@ms6.tisnet.net.tw
　　＊ 本書如有缺頁、破損、裝訂錯誤，請寄回更換 ＊